書いて定着

アウトプット専用問題集

中学国語 文法・語句

もくじ

次のように感じたことのある人はいませんか？

- ☑ 授業は理解できる
  ➡ **でも問題が解けない！**
- ☑ あんなに手ごたえ十分だったのに
  ➡ **テスト結果がひどかった**
- ☑ マジメにがんばっているけれど
  ➡ **一向に成績が上がらない**

本書の特長と使い方

本書は、成績アップの壁を打ち破るため、問題を解いて解いて解きまくるためのアウトプット専用問題集です。

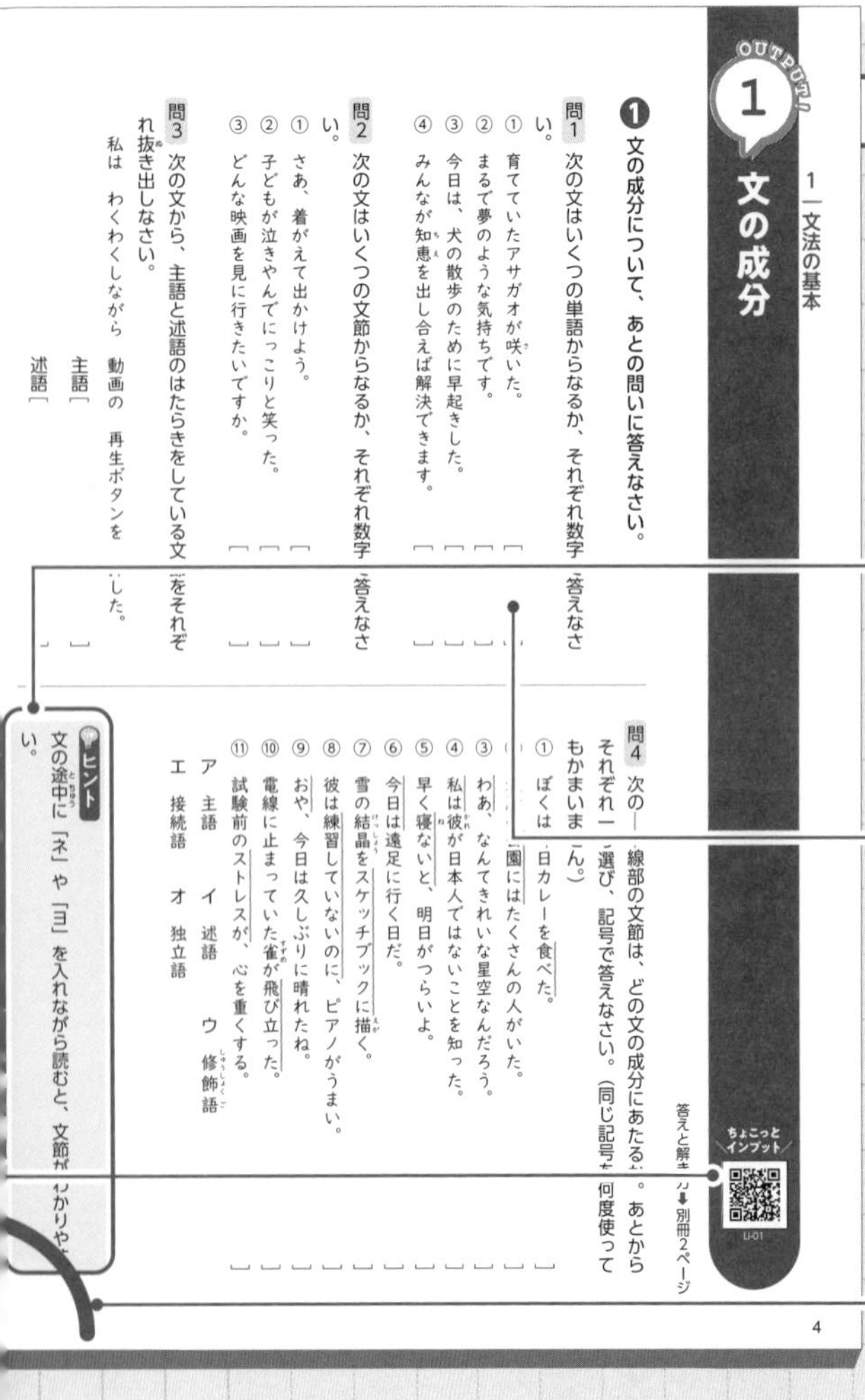

基本のページ

アウトプットに特化したスタイル

ストレスフリーでどんどん解ける！
問題を解いて解いて解きまくろう！

単元はじめの問題にはヒントがあるからつまずかずにスイスイ解ける！

答えはすべて書き込める！

180°開く製本だから書き込みやすい！
手を離しても本が閉じない！

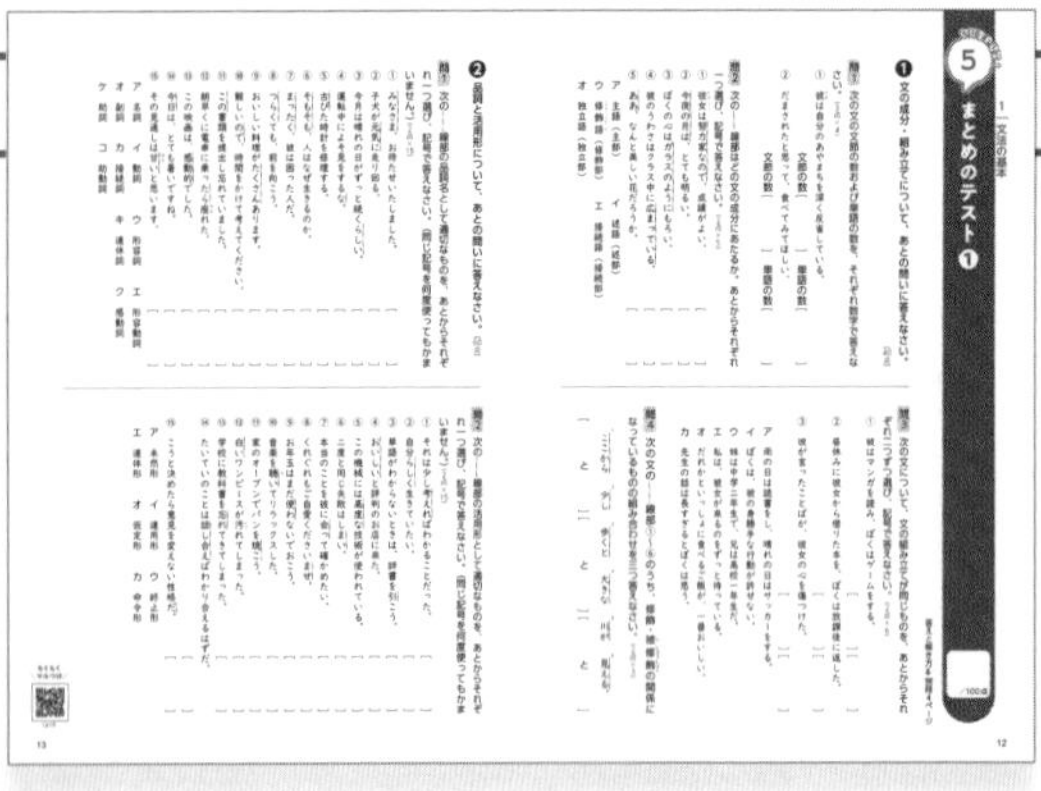

テストのページ

まとめのテスト

数単元ごとに設けています。これまでに学んだ単元で重要なタイプの問題を掲載しているので、復習に最適です。点数を設定しているので、定期テスト前の確認や自分の弱点強化にも使うことができます。

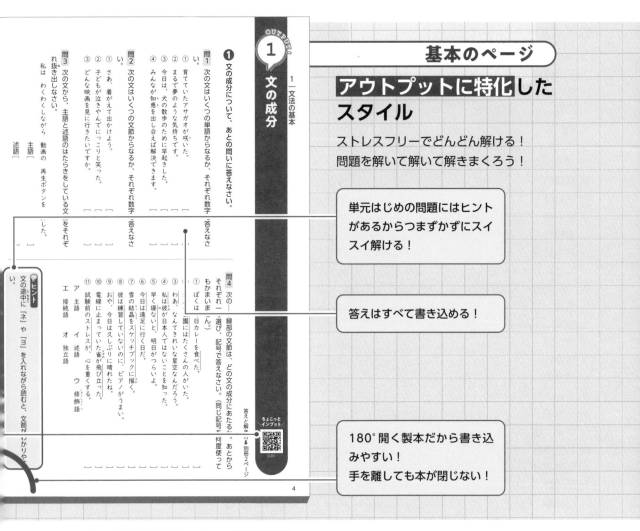

原因は実際に問題を解くという

アウトプット不足

です。

本書ですべて解決できます！

スマホを使うサポートも万全！

ちょこっとインプット

わからないことがあったら、QRコードを読みとってスマホやタブレットでサクッと確認できる！

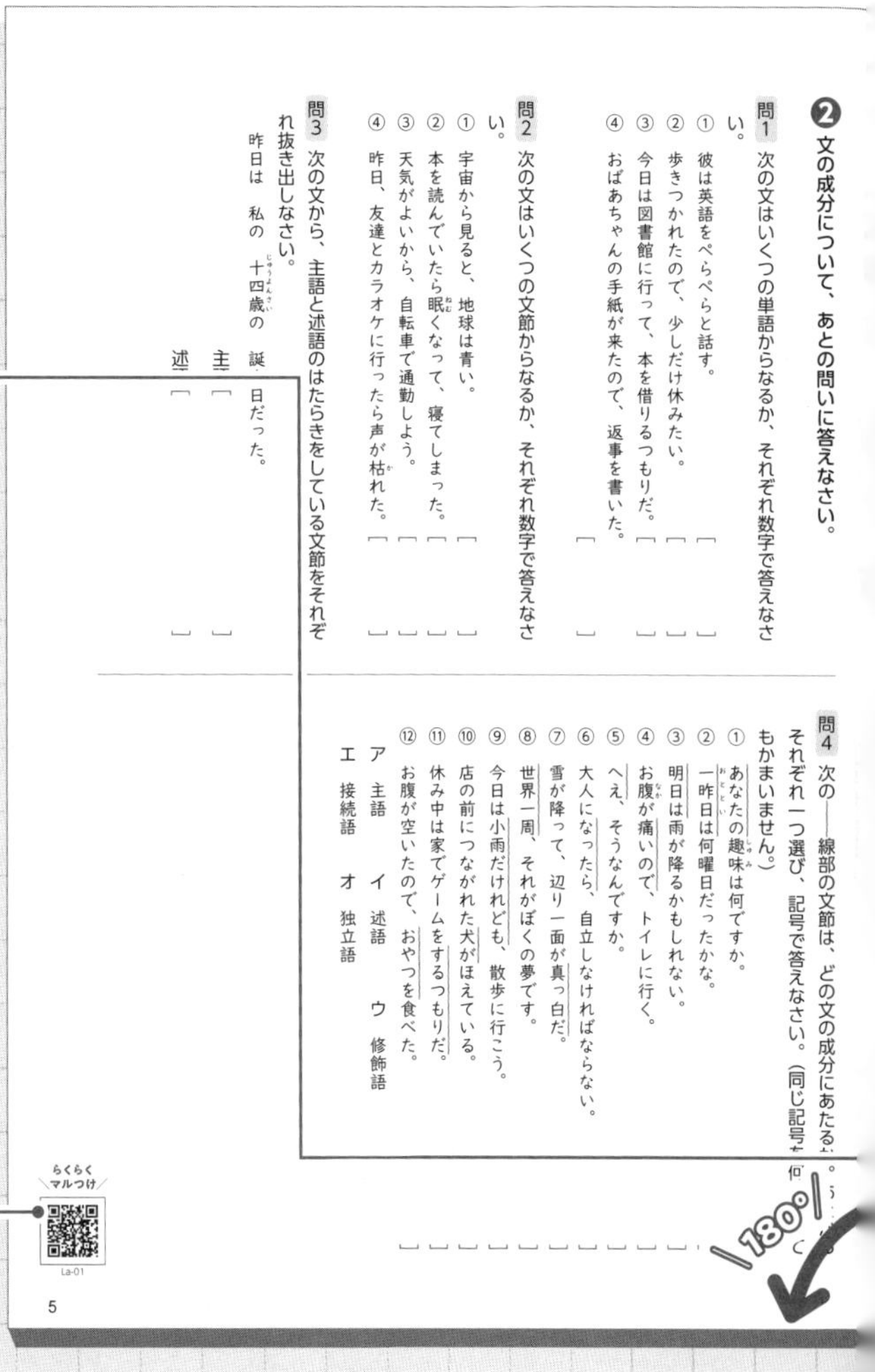

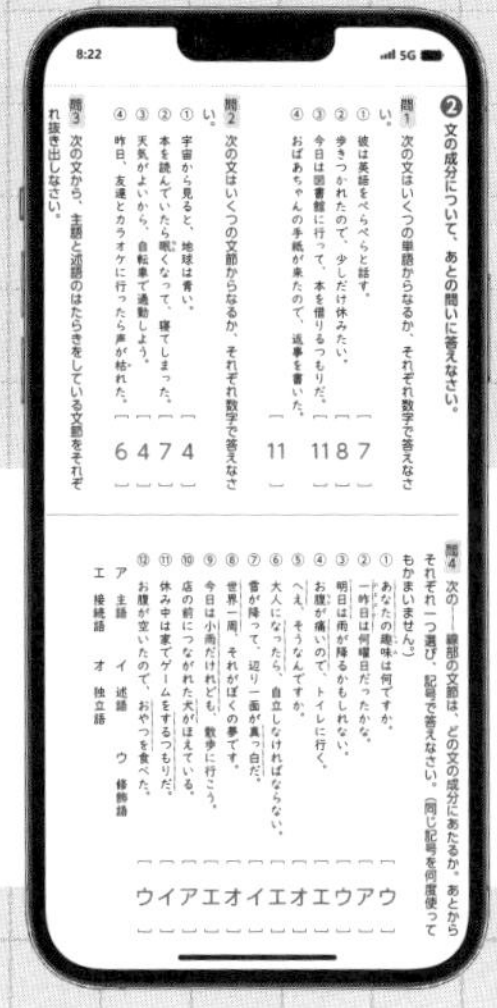

らくらくマルつけ

QRコードを読みとれば、解答が印字された紙面が手軽に見られる！

※くわしい解説を見たいときは別冊をチェック！

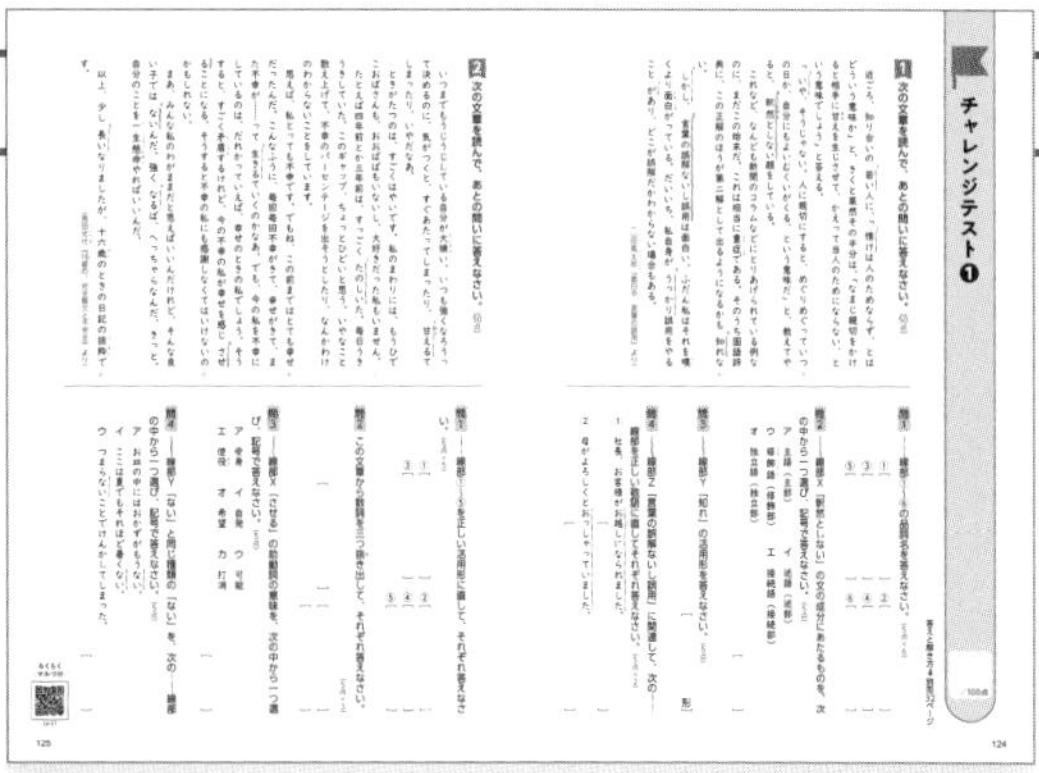

チャレンジテスト

巻末に２回設けています。
高校入試レベルの問題も扱っているので、自身の力試しに最適です。
入試前の「仕上げ」として時間を決めて取り組むことができます。

●「ちょこっとインプット」「らくらくマルつけ」は無料でご利用いただけますが、通信料金はお客様のご負担となります。●すべての機器での動作を保証するものではありません。●やむを得ずサービス内容に変更が生じる場合があります。●ＱＲコードは(株)デンソーウェーブの登録商標です。

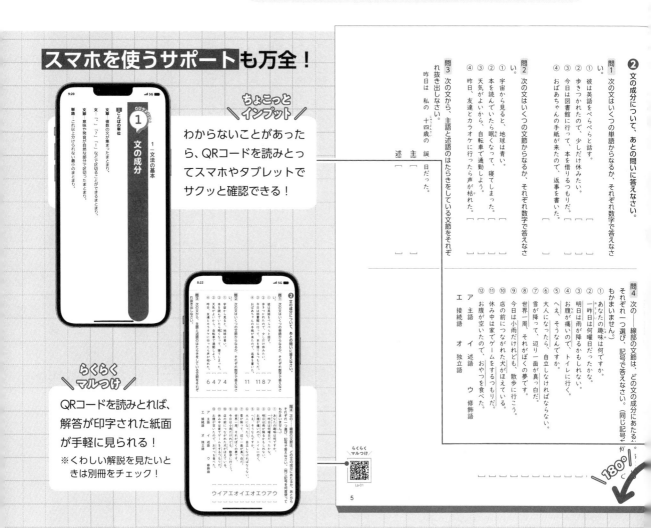

OUTPUT!

1 文の成分

ちょこっとインプット

Li-01

答えと解き方⬇別冊2ページ

❶ 文の成分について、あとの問いに答えなさい。

問1 次の文はいくつの単語からなるか、それぞれ数字で答えなさい。

① 育てていたアサガオが咲《さ》いた。〔　〕

② まるで夢のような気持ちです。〔　〕

③ 今日は、犬の散歩のために早起きした。〔　〕

④ みんなが知恵《ちえ》を出し合えば解決できます。〔　〕

問2 次の文はいくつの文節からなるか、それぞれ数字で答えなさい。

① さあ、着がえて出かけよう。〔　〕

② 子どもが泣きやんでにっこりと笑った。〔　〕

③ どんな映画を見に行きたいですか。〔　〕

問3 次の文から、主語と述語のはたらきをしている文節をそれぞれ抜《ぬ》き出しなさい。

私は　わくわくしながら　動画の　再生ボタンを　押《お》した。

主語〔　〕

述語〔　〕

問4 次の――線部の文節は、どの文の成分にあたるか。あとからそれぞれ一つ選び、記号で答えなさい。（同じ記号を何度使ってもかまいません。）

① ぼくは昨日カレーを食べた。〔　〕

② 近所の公園にはたくさんの人がいた。〔　〕

③ わあ、なんてきれいな星空なんだろう。〔　〕

④ 私は彼《かれ》が日本人ではないことを知った。〔　〕

⑤ 早く寝《ね》ないと、明日がつらいよ。〔　〕

⑥ 今日は遠足に行く日だ。〔　〕

⑦ 雪の結晶《けっしょう》をスケッチブックに描《えが》く。〔　〕

⑧ 彼は練習していないのに、ピアノがうまい。〔　〕

⑨ おや、今日は久しぶりに晴れたね。〔　〕

⑩ 電線に止まっていた雀《すずめ》が飛び立った。〔　〕

⑪ 試験前のストレスが、心を重くする。〔　〕

ア　主語　　イ　述語　　ウ　修飾語《しゅうしょくご》

エ　接続語　　オ　独立語

ヒント

文の途中《とちゅう》に「ネ」や「ヨ」を入れながら読むと、文節がわかりやすい。

❷ 文の成分について、あとの問いに答えなさい。

問1 次の文はいくつの単語からなるか、それぞれ数字で答えなさい。

① 彼は英語をぺらぺらと話す。［　　］
② 歩きつかれたので、少しだけ休みたい。［　　］
③ 今日は図書館に行って、本を借りるつもりだ。［　　］
④ おばあちゃんの手紙が来たので、返事を書いた。［　　］

問2 次の文はいくつの文節からなるか、それぞれ数字で答えなさい。

① 宇宙から見ると、地球は青い。［　　］
② 本を読んでいたら眠《ねむ》くなって、寝てしまった。［　　］
③ 天気がよいから、自転車で通勤しよう。［　　］
④ 昨日、友達とカラオケに行ったら声が枯《か》れた。［　　］

問3 次の文から、主語と述語のはたらきをしている文節をそれぞれ抜き出しなさい。

昨日は　私の　十四歳《じゅうよんさい》の　誕生日だった。

主語［　　］
述語［　　］

問4 次の――線部の文節は、どの文の成分にあたるか。あとからそれぞれ一つ選び、記号で答えなさい。（同じ記号を何度使ってもかまいません。）

① あなたの趣味《しゅみ》は何ですか。［　　］
② 一昨日《おととい》は何曜日だったかな。［　　］
③ 明日は雨が降るかもしれない。［　　］
④ お腹《なか》が痛いので、トイレに行く。［　　］
⑤ へえ、そうなんですか。［　　］
⑥ 大人になったら、自立しなければならない。［　　］
⑦ 雪が降って、辺り一面が真っ白だ。［　　］
⑧ 世界一周、それがぼくの夢です。［　　］
⑨ 今日は小雨だけれども、散歩に行こう。［　　］
⑩ 店の前につながれた犬がほえている。［　　］
⑪ 休み中は家でゲームをするつもりだ。［　　］
⑫ お腹が空いたので、おやつを食べた。［　　］

ア 主語　**イ** 述語　**ウ** 修飾語
エ 接続語　**オ** 独立語

らくらく
マルつけ
La-01

OUTPUT! 2

文の組み立て

ちょこっと インプット Li-02

答えと解き方⬇別冊2ページ

❶ 文の組み立てについて、あとの問いに答えなさい。

問1 次の――線部の二文節の関係として適切なものを、あとからそれぞれ一つ選び、記号で答えなさい。（同じ記号を何度使ってもかまいません。）

① パソコンが壊《こわ》れたので、買い替《か》えた。［　］
② 春と秋は涼《すず》しくて過ごしやすい。［　］
③ 思いついたら、すぐに実行してみよう。［　］
④ すみません、お店は閉めてしまいました。［　］
⑤ 庭には大きな桜が生えている。［　］
⑥ 私は毎日、犬の散歩をしている。［　］
⑦ 評判の映画を見たら泣いてしまった。［　］
⑧ 赤と青、どちらのセーターにしよう。［　］
⑨ うーん、どうすべきか思いつかない。［　］
⑩ 彼《かれ》はとても楽しそうにしている。［　］

ア 並立《へいりつ》の関係　イ 補助の関係　ウ 修飾《しゅうしょく》・被修飾《ひしゅうしょく》の関係
エ 接続の関係　オ 独立の関係

問2 次の――線部の連文節はどの文の成分にあたるか。あとからそれぞれ一つ選び、記号で答えなさい。（同じ記号を何度使ってもかまいません。）

① ぼくが昨日買ったみかんは、とてもおいしい。［　］
② 日本は、太平洋と日本海に面している。［　］
③ 台風が上陸し、風が強く吹《ふ》いている。［　］
④ 友達がいること、それは幸せなことだ。［　］
⑤ ぼくは猫《ねこ》を飼っているが、犬のほうが好きだ。［　］
⑥ 昨日、カフェに行ったら友達がいた。［　］
⑦ 毎日の練習が勝利への最短経路だ。［　］
⑧ お風呂《ふろ》をぴかぴかにみがきあげた。［　］

ア 主部　イ 述部　ウ 修飾部　エ 接続部　オ 独立部

問3 次の文の種類として適切なものを、あとからそれぞれ一つ選び、記号で答えなさい。

① 明日雨が降ったら、運動会は中止になる。［　］
② 鳥がさえずり、風が木々をゆらす。［　］
③ 私は、困っている様子の人に声をかけた。［　］

ア 単文　イ 重文　ウ 複文

ヒント
単文、重文、複文を考えるときは、主語と述語の組み合わせに注目しよう。

❷ 文の組み立てについて、あとの問いに答えなさい。

問1 次の――線部の二文節の関係として適切なものを、あとからそれぞれ一つ選び、記号で答えなさい。（同じ記号を何度使ってもかまいません。）

① ああ、お金が空から降ってくればいいのに。［　］
② 電車は、深夜なのに混んでいる。［　］
③ ケーキもアイスも、彼女《かのじょ》の大好物だ。［　］
④ その国会議員は、ぼくのお父さんの親友だ。［　］
⑤ 宿題のプリントを家に置き忘れてしまった。［　］
⑥ テストが終わったから遊びに行こう。［　］
⑦ この犬は大きくてたくましい体格だ。［　］
⑧ ねえ、そんなに急いだら危ないよ。［　］
⑨ 家でのんびりしていると、来客が来た。［　］
⑩ 空が青く見えるのはなぜだろう。［　］

ア 並立の関係　イ 補助の関係　ウ 修飾・被修飾の関係
エ 接続の関係　オ 独立の関係

問2 次の――線部の連文節はどの文の成分にあたるか。あとからそれぞれ一つ選び、記号で答えなさい。（同じ記号を何度使ってもかまいません。）

① もう八月なのに、あまり暑くない。［　］
② 夜空にかがやく星々よ、私の願いをかなえておくれ。［　］
③ 彼女の優《やさ》しい笑顔《えがお》を、私は今でも覚えている。［　］
④ 昨日夜更《よふ》かしをしたので、今とても眠《ねむ》い。［　］
⑤ 人望の厚い彼《かれ》こそ、委員長にふさわしい。［　］
⑥ 昼食を済ませたら、仕事を再開しよう。［　］
⑦ 泣いても笑っても、合否はすぐわかる。［　］
⑧ ヨーロッパを周遊したいと願っている。［　］

ア 主部　イ 述部　ウ 修飾部
エ 接続部　オ 独立部

問3 次の文の種類として適切なものを、あとからそれぞれ一つ選び、記号で答えなさい。（同じ記号を何度使ってもかまいません。）

① 兄は中学生で、弟は小学生だ。［　］
② この地域では、最近熊がよく出るらしい。［　］
③ 彼が言いたかったことを、ぼくは理解できなかった。［　］
④ 時間がたつのを忘れるほど、私は映画に夢中になった。［　］
⑤ 夏はピーマンを作り、冬はキャベツを育てる。［　］
⑥ 私は一人で泣いている女の子をなぐさめた。［　］
⑦ 鳥が歌い、花が咲《さ》く季節になった。［　］
⑧ 夕暮れの空の色の変化が美しい。［　］
⑨ 姉は勉強が得意で、弟は運動が得意だ。［　］
⑩ 使わなくなったものは捨ててしまおう。［　］

ア 単文　イ 重文　ウ 複文

らくらく
マルつけ
La-02

OUTPUT! 3

品詞

❶ 品詞について、あとの問いに答えなさい。

問1 次の文章の［①］～［⑨］にあてはまることばを、それぞれ漢字で答えなさい。

単語には、大きく分けて［①］と［②］の二つがある。［①］は単独で文節をつくることができる単語で、その中でも活用があるものはまとめて［③］とよばれ、動詞・形容詞・［④］の三種類に分かれる。［①］のうち活用がないものには、名詞・［⑤］・［⑥］・接続詞・感動詞があり、名詞は［⑦］ともよばれる。また、［⑤］は常に名詞を修飾《しゅうしょく》する。［②］は単独で文節をつくることができず、常に他の単語のあとに付いて文節をつくる。［②］のうち活用があるものは、［⑧］、活用がないものは［⑨］とよばれる。

①［　　］ ②［　　］
③［　　］ ④［　　］
⑤［　　］ ⑥［　　］
⑦［　　］ ⑧［　　］
⑨［　　］

問2 次の——線部の品詞名として適切なものを、あとからそれぞれ一つ選び、記号で答えなさい。（同じ記号を何度使ってもかまいません。）

① もっとゆっくり話してください。［　　］
② 海は青く、果てしなく広い。［　　］
③ いかなる理由があろうと、許しません。［　　］
④ 晴れているので、散歩に出かけた。［　　］
⑤ 先生によばれた。だから、職員室に来た。［　　］
⑥ じゃがいもは、きれいな花を咲《さ》かせる。［　　］
⑦ あの先生の説明はとてもわかりやすい。［　　］
⑧ ああ、宝くじに当たったらいいのになあ。［　　］
⑨ 必死に練習して試合に勝つことができた。［　　］
⑩ うれしいニュースに思わず笑顔《えがお》になった。［　　］
⑪ いつものメニューを注文した。［　　］

ア 名詞　イ 動詞　ウ 形容詞　エ 形容動詞
オ 副詞　カ 接続詞　キ 連体詞　ク 感動詞
ケ 助詞　コ 助動詞

ヒント
品詞を見分けるには、①単独で文節をつくれるか　②活用があるか　③文の中でどのようなはたらきをしているか　をチェックしよう。

ちょこっとインプット
Li-03

答えと解き方⬇別冊3ページ

❷ 品詞について、あとの問いに答えなさい。

問1 次の文の内容にあてはまる品詞を、それぞれ漢字で答えなさい。

① 自立語で活用がなく、体言ともよばれるもの。［　　　］
② 自立語で活用があり、言い切りの形が「い」で終わるもの。［　　　］
③ 自立語で活用がなく、常に体言を修飾するもの。［　　　］
④ 自立語で活用がなく、おもに用言を修飾するもの。［　　　］
⑤ 自立語で活用があり、言い切りの形が「だ」で終わるもの。［　　　］
⑥ 自立語で活用がなく、文節や文同士をつなぐもの。［　　　］
⑦ 自立語で活用があり、言い切りの形が「ウ」段で終わるもの。［　　　］
⑧ 自立語で活用がなく、常に単独で独立語になるもの。［　　　］
⑨ 付属語で活用があるもの。［　　　］
⑩ 付属語で活用がないもの。［　　　］

問2 次の――線部の品詞名として適切なものを、あとからそれぞれ一つ選び、記号で答えなさい。（同じ記号を何度使ってもかまいません。）

① 試験の日が近いので、真面目《まじめ》に勉強する。［　　］
② 富士山は日本で最も高い山だ。［　　］
③ 私は決して最後まであきらめない。［　　］
④ とんだ災難に見舞《みま》われた。［　　］
⑤ ええと、この人の名前はなんだっけ。［　　］
⑥ 時間がなくて、朝ごはんが食べられなかった。［　　］
⑦ 家を出るのがもう少し早ければ、間に合ったのに。［　　］
⑧ 腕《うで》が痛くて、文字を書くことすらできない。［　　］
⑨ つまり、複数の原因がからまり合っている。［　　］
⑩ すぐに理解することが難しいかもしれない。［　　］
⑪ 遅《おそ》くまで開いているスーパーは便利だ。［　　］
⑫ いわゆる推理小説の枠《わく》に収まらない作品だ。［　　］
⑬ この絵画は淡《あわ》い色使いが美しい。［　　］
⑭ オウムが言葉を覚えてしゃべり出した。［　　］
⑮ そら、ボールを投げるから受け止めて。［　　］
⑯ 雪が降り積もって分厚い層になった。［　　］

ア 名詞　イ 動詞　ウ 形容詞　エ 形容動詞
オ 副詞　カ 接続詞　キ 連体詞　ク 感動詞
ケ 助詞　コ 助動詞

らくらく
マルつけ
La-03

OUTPUT! 4 活用形

❶ 活用形について、あとの問いに答えなさい。

答えと解き方➡別冊4ページ

ちょこっとインプット
Li-04

問1 次の文章の ① ～ ⑩ にあてはまることばを、それぞれ漢字で答えなさい。

自立語で活用があるものは ① とよばれ、 ② ・形容詞・ ③ の三つが属する。また、付属語の中で活用があるものは ④ である。活用形は全部で六種類あり、後ろに「ない」や「う・よう」などをともなう形は ⑤ 、「ます」や「た（だ）」、「て（で）」などをともなう形は ⑥ 、「ば」をともなう形は ⑦ という。 ⑧ は言い切りの形ともいい、そこで文が終わるときに用いられる。また、連体形はその名のとおり、 ⑨ に連なる活用形である。 ⑩ は命令して文を言い切るときに使う活用形であり、 ② と ④ にはあるが、形容詞と ③ には存在しない。

①〔　　〕　②〔　　〕
③〔　　〕　④〔　　〕
⑤〔　　〕　⑥〔　　〕
⑦〔　　〕　⑧〔　　〕
⑨〔　　〕　⑩〔　　〕

問2 次の――線部の活用形を、それぞれ漢字で答えなさい。

① 鍋《なべ》がおいしい季節になった。〔　　形〕
② 毎日適度に運動しよう。〔　　形〕
③ お手洗いは二階にあります。〔　　形〕
④ 君のやりたいようにやればいい。〔　　形〕
⑤ ここまで来れば安全だ。〔　　形〕
⑥ 電話ごしでは相手の表情がわからない。〔　　形〕
⑦ もっと速く走れ。〔　　形〕
⑧ 無事に帰って来られてよかった。〔　　形〕
⑨ このスマホは高すぎて買えない。〔　　形〕
⑩ その薬はとても効き目がありました。〔　　形〕
⑪ 試合に負けてくやしいと思わないのか。〔　　形〕
⑫ 創作に集中するためホテルに泊《と》まる。〔　　形〕
⑬ 高い目標を設定せよ。〔　　形〕
⑭ その案は実現可能といえますか。〔　　形〕
⑮ どうすればうまくいくだろう。〔　　形〕
⑯ これはだれにでもわかる文章です。〔　　形〕

ヒント 活用形を判断するときは後ろにある語に注目しよう。

❷ 活用形について、あとの問いに答えなさい。

問1 次の――線部の活用形を、それぞれ漢字で答えなさい。

① その事実はまだ公表されていない。〔　　形〕
② 君が行くなら、ぼくも行こう。〔　　形〕
③ そこは切り立ったがけに囲まれている。〔　　形〕
④ 窓から差す日光があたたかい。〔　　形〕
⑤ 今から言うことを、よく覚えておいてくれ。〔　　形〕
⑥ うそをつくことも、時には必要だ。〔　　形〕
⑦ 彼女《かのじょ》の演技はわざとらしくて、好きになれない。〔　　形〕
⑧ よろしければ、連絡先《れんらくさき》を交換《こうかん》しませんか。〔　　形〕
⑨ おだやかな波の音が、心を落ち着かせる。〔　　形〕
⑩ 暇《ひま》なら、家事を手伝ってほしいな。〔　　形〕
⑪ その問題はとても簡単だ。〔　　形〕
⑫ お祭りはにぎやかで、とても楽しかった。〔　　形〕
⑬ 彼《かれ》がそんなことをするとは思わなかった。〔　　形〕
⑭ 本番前なんだから、早く寝《ね》なさい。〔　　形〕
⑮ 家に一人でいるのは、さびしいだろう。〔　　形〕
⑯ 美しいばらにはとげがあるのだ。〔　　形〕
⑰ 彼女は優《やさ》しく、しかも頭がいい人です。〔　　形〕
⑱ 外が寒ければ、家に戻《もど》ります。〔　　形〕

問2 次の――線部を適切に活用させなさい。

① やる気が起きないて、一日中だらけていた。〔　　〕
② よい点を取りたいば、勉強しよう。〔　　〕
③ Tシャツと短パンという薄着《うすぎ》では寒いう。〔　　〕
④ 申し訳ありません、お皿を割ってしまいますた。〔　　〕
⑤ 体調が悪いたので、学校を休んだ。〔　　〕
⑥ 体育の先生が「前にならう！」と号令をかけた。〔　　〕
⑦ ぎらぎらと照りつける太陽が暑いてつらい。〔　　〕
⑧ あわてて会計をしなければ小銭《こぜに》を落とすなかった。〔　　〕
⑨ 一人で旅をするのは心細いう。〔　　〕
⑩ 春からの新生活に向くて胸がわくわくする。〔　　〕

らくらく
マルつけ
La-04

OUTPUT! 5

まとめのテスト①

答えと解き方⬇別冊4ページ

／100点

❶ 文の成分・組み立てについて、あとの問いに答えなさい。[40点]

問1 次の文の文節の数および単語の数を、それぞれ数字で答えなさい。(3点×4)

① 彼《かれ》は自分のあやまちを深く反省している。

文節の数[　　] 単語の数[　　]

② だまされたと思って、食べてみてほしい。

文節の数[　　] 単語の数[　　]

問2 次の――線部はどの文の成分にあたるか。あとからそれぞれ一つ選び、記号で答えなさい。(2点×5)

① 彼女《かのじょ》は努力家なので、成績がよい。[　　]

② 今夜の月は、とても明るい。[　　]

③ ぼくの心はガラスのようにもろい。[　　]

④ 彼のうわさはクラス中に広まっている。[　　]

⑤ ああ、なんと美しい花だろうか。[　　]

ア 主語(主部)　イ 述語(述部)

ウ 修飾語《しゅうしょくご》(修飾部)　エ 接続語(接続部)

オ 独立語(独立部)

問3 次の文について、文の組み立てが同じものを、あとからそれぞれ二つずつ選び、記号で答えなさい。(2点×6)

① 彼はマンガを読み、ぼくはゲームをする。[　　][　　]

② 昼休みに彼女から借りた本を、ぼくは放課後に返した。[　　][　　]

③ 彼が言ったことばが、彼女の心を傷つけた。[　　][　　]

ア 雨の日は読書をし、晴れの日はサッカーをする。

イ ぼくは、彼の身勝手な行動が許せない。

ウ 妹は中学二年生で、兄は高校一年生だ。

エ 私は、彼女が来るのをずっと待っている。

オ だれかといっしょに食べるご飯が、一番おいしい。

カ 先生の話は長すぎるとぼくは思う。

問4 次の文の――線部①〜⑥のうち、修飾・被修飾《ひしゅうしょく》の関係になっているものの組み合わせを三つ答えなさい。(2点×3)

①ここから　②少し　③歩くと　④大きな　⑤川が　⑥見える。

[　　と　　][　　と　　][　　と　　]

❷ 品詞と活用形について、あとの問いに答えなさい。〔60点〕

問1 次の——線部の品詞名として適切なものを、あとからそれぞれ一つ選び、記号で答えなさい。（同じ記号を何度使ってもかまいません。）（2点×15）

① みなさま、お待たせいたしました。〔　　〕
② 子犬が元気に走り回る。〔　　〕
③ 今月は晴れの日がずっと続くらしい。〔　　〕
④ 運転中によそ見をするな。〔　　〕
⑤ 古びた時計を修理する。〔　　〕
⑥ そもそも、人はなぜ生きるのか。〔　　〕
⑦ まったく、彼は困った人だ。〔　　〕
⑧ つらくても、前を向こう。〔　　〕
⑨ おいしい料理がたくさんあります。〔　　〕
⑩ 難しいので、時間をかけて考えてください。〔　　〕
⑪ この書類を提出し忘れていました。〔　　〕
⑫ 朝早くに電車に乗ったら座《すわ》れた。〔　　〕
⑬ この映画は、感動的でした。〔　　〕
⑭ 今日は、とても暑いですね。〔　　〕
⑮ その見通しは甘《あま》いと思います。〔　　〕

ア 名詞　イ 動詞　ウ 形容詞　エ 形容動詞
オ 副詞　カ 接続詞　キ 連体詞　ク 感動詞
ケ 助詞　コ 助動詞

問2 次の——線部の活用形として適切なものを、あとからそれぞれ一つ選び、記号で答えなさい。（同じ記号を何度使ってもかまいません。）（2点×15）

① それは少し考えればわかることだった。〔　　〕
② 自分らしく生きていたい。〔　　〕
③ 単語がわからないときは、辞書を引こう。〔　　〕
④ おいしいと評判のお店に来た。〔　　〕
⑤ この機械には高度な技術が使われている。〔　　〕
⑥ 二度と同じ失敗はしまい。〔　　〕
⑦ 本当のことを彼に会って確かめたい。〔　　〕
⑧ くれぐれもご自愛くださいませ。〔　　〕
⑨ お年玉はまだ使わないでおこう。〔　　〕
⑩ 音楽を聴《き》いてリラックスした。〔　　〕
⑪ 家のオーブンでパンを焼こう。〔　　〕
⑫ 白いワンピースが汚《よご》れてしまった。〔　　〕
⑬ 学校に教科書を忘れてきてしまった。〔　　〕
⑭ たいていのことは話し合えばわかり合えるはずだ。〔　　〕
⑮ こうと決めたら意見を変えない性格だ。〔　　〕

ア 未然形　イ 連用形　ウ 終止形
エ 連体形　オ 仮定形　カ 命令形

OUTPUT! 6 動詞 ①

ちょこっとインプット Li-06

答えと解き方⬇別冊5ページ

❶ 動詞について、あとの問いに答えなさい。

問1 次の各文から動詞をふくむ文節を抜《ぬ》き出しなさい。

① 彼女《かのじょ》には赤い服が似合う。

② それはすでに解決された問題だ。

③ 彼《かれ》のことばが正しいとは限らない。

④ 私は帰国してまだ日が浅い。

⑤ ぼくは彼に大事な秘密を打ち明けた。

⑥ 気候がすっかり春めいた。

⑦ 犯罪者を厳しく取り調べる。

⑧ なぜだか胸騒《むなさわ》ぎがした。

⑨ 一体どうすればよいのだろう。

⑩ どこかで財布《さいふ》を落とした。

⑪ 川の流れが速くなった。

⑫ 体調がなかなか回復しない。

⑬ それについてはなんとも言えない。

⑭ 急に自信がなくなった。

⑮ 事件に巻き込《こ》まれた。

⑯ 今さら引き返すのは無理だ。

問2 次の各文の――線部の動詞をふくむ文節は、どの文の成分にあたるか。あとからそれぞれ一つ選び、記号で答えなさい。（同じ記号を何度使ってもかまいません。）

① 私は布団《ふとん》をしいて、寝《ね》る準備をした。

② 勉強する習慣を身につける。

③ 何時間待っても、彼女は来ない。

④ よく確認《かくにん》するのが大事だ。

⑤ 犬の散歩をしに出かける。

⑥ 試合に勝ったのは、日ごろの練習の成果だ。

⑦ 目から大粒《おおつぶ》の涙《なみだ》が流れた。

⑧ 今走ればまだ間に合う。

⑨ 納得《なっとく》するまで説明しよう。

⑩ 部屋の壁《かべ》にポスターを貼《は》る。

⑪ 家に帰ったら、まず手を洗おう。

ア 主語　イ 述語　ウ 修飾語《しゅうしょくご》
エ 接続語　オ 独立語

ヒント
動詞は単独で述語になるだけでなく、ほかの単語と結びついて主語や修飾語、接続語にもなることができる。

② 動詞について、あとの問いに答えなさい。

問1 次の文から動詞をふくむ文節を抜き出しなさい。

① やかんのお湯がわく。〔　　〕
② 駐車場《ちゅうしゃじょう》に車をとめる。〔　　〕
③ 桜が散る様子もまた美しい。〔　　〕
④ 不慣れな土地をさまよう。〔　　〕
⑤ 泣き真似《まね》もいいかげんにしろ。〔　　〕
⑥ 文字は読みやすく書こう。〔　　〕
⑦ 忘れっぽいのでメモをとる。〔　　〕
⑧ お金をかせぐのは大変なことだ。〔　　〕
⑨ 汗《あせ》をかいて気持ちが悪い。〔　　〕
⑩ 授業中は静かにするべきだ。〔　　〕
⑪ 修学旅行は忘れがたい思い出になった。〔　　〕〔　　〕
⑫ 気がつけば辺りはすでに真っ暗だった。〔　　〕〔　　〕
⑬ 試験開始の合図があった。〔　　〕
⑭ クラスではあまり目立たない。〔　　〕
⑮ 短冊《たんざく》に願いごとを書いた。〔　　〕
⑯ 帰りが遅《おそ》くなりそうだ。〔　　〕
⑰ 宿題をやり終えた。〔　　〕
⑱ 明日親戚《しんせき》が家に来るらしい。〔　　〕
⑲ 突然《とつぜん》のことに驚《おどろ》きを隠《かく》せない。〔　　〕
⑳ 歩きにくい道が続く。〔　　〕

問2 次の各文の――線部の動詞をふくむ文節は、どの文の成分にあたるか。あとからそれぞれ一つ選び、記号で答えなさい。（同じ記号を何度使ってもかまいません。）

① 華《はな》やいだ風景に心がおどる。〔　　〕
② そう考えるのも君の自由だ。〔　　〕
③ 買い物をしにスーパーへ行く。〔　　〕
④ お腹《なか》いっぱい食べたので、眠《ねむ》くなった。〔　　〕
⑤ 何かが顔にふれたような気がした。〔　　〕
⑥ 明日学校に行けば、夏休みだ。〔　　〕
⑦ 私は海外に旅立つ友を見送った。〔　　〕
⑧ 遠くに見えるのが富士山《ふじさん》です。〔　　〕
⑨ 今騒《さわ》いだら怒《おこ》られるだろう。〔　　〕
⑩ 故郷を発《た》つ日がやってきた。〔　　〕
⑪ 投げた球が打者の目の前で曲がった。〔　　〕
⑫ 過ぎたことを悔《く》やむのはやめた。〔　　〕
⑬ 山頂がたなびく雲に覆《おお》われている。〔　　〕
⑭ 約束を守ることは大事だ。〔　　〕
⑮ 彼は転んでもただでは起きない。〔　　〕

ア 主語　イ 述語　ウ 修飾語
エ 接続語　オ 独立語

らくらくマルつけ
La-06

OUTPUT! 7 動詞 ②

❶ 動詞について、あとの問いに答えなさい。

問1 次の――線部の動詞の活用の種類として適切なものを、あとからそれぞれ一つ選び、記号で答えなさい。（同じ記号を何度使ってもかまいません。）

① 寝《ね》る時間なのでパジャマを着る。〔　〕
② 海で泳ぐと気持ちがいい。〔　〕
③ 電車がなかなか来ない。〔　〕
④ この花はよいかおりがする。〔　〕
⑤ 箱の中身を言いあてた。〔　〕
⑥ この薬品を混ぜるとあぶない。〔　〕
⑦ 船で世界中を旅する。〔　〕
⑧ 読み終えた本を閉じた。〔　〕
⑨ どの服を買うかいまだに決められない。〔　〕
⑩ 腹を割って話そう。〔　〕
⑪ 彼《かれ》の発言の意図をすぐに理解した。〔　〕
⑫ 急に用事ができた。〔　〕
⑬ 死ぬまでに一度は海外に行きたい。〔　〕

ア 五段活用　イ 上一段活用　ウ 下一段活用
エ サ行変格活用　オ カ行変格活用

問2 次の――線部の動詞の活用の種類を、例にならって答えなさい。

例 見る　マ行上一段活用

① 水を求めて川を探す。〔　〕
② 少し背がのびたような気がする。〔　〕
③ 実力の差を思い知った。〔　〕
④ くよくよしても、しかたがない。〔　〕
⑤ 冬が終われば、春が来る。〔　〕
⑥ ペットに愛情を注ぐ。〔　〕
⑦ パソコンの電源が急に落ちた。〔　〕
⑧ ささいなことにへそを曲げる。〔　〕
⑨ 失敗を恥《は》じることはない。〔　〕
⑩ 実習で新たな知見を得た。〔　〕
⑪ 体に手術の痕《あと》が残る。〔　〕
⑫ 飛行機で旅行した。〔　〕
⑬ 無意味な慣習に疑問を抱《いだ》く。〔　〕

ヒント
動詞の活用の種類は、未然形で判断できる。

ちょこっとインプット
Li-07

答えと解き方➡別冊5ページ

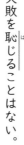

② 動詞について、あとの問いに答えなさい。

問1 次の――線部と同じ活用の種類の動詞をふくむ文をあとからそれぞれ一つ選び、記号で答えなさい。（同じ記号を何度使ってもかまいません。）

① 幸せはいきなりやって来る。〔　　〕
② シートベルトを着用する。〔　　〕
③ 身の危険を感じて、すぐににげた。〔　　〕
④ あくまでも勝つことにこだわる。〔　　〕
⑤ 彼女《かのじょ》は母親に似て、気が強い。〔　　〕
⑥ 人は失敗しなければ学ばない。〔　　〕
⑦ 健闘《けんとう》をたたえて拍手《はくしゅ》を送る。〔　　〕
⑧ 一晩寝《ね》て、かぜが治った。〔　　〕
⑨ 十年の時を経て、旧友と再会した。〔　　〕
⑩ 体を動かすのが好きだ。〔　　〕
⑪ 同じような話ばかりで飽《あ》きてきた。〔　　〕
⑫ 明るい未来を想像しよう。〔　　〕
⑬ 一つ隣《となり》の駅で降りた。〔　　〕
⑭ 息子《むすこ》の勇姿を見届けた。〔　　〕

ア　風でドアが閉じた。
イ　波に白い泡《あわ》が立つ。
ウ　彼は五十歳《ごじっさい》には見えない。
エ　また明日ここに来ます。
オ　よごれたシャツを洗濯《せんたく》した。

問2 次の――線部の動詞の活用の種類をあとから選んで記号で答え、活用形を漢字で答えなさい。（同じ記号を何度使ってもかまいません。）

① 授業の内容をノートにまとめる。〔　　〕〔　　形〕
② 朝起きてすぐに布団《ふとん》を飛び出した。〔　　〕〔　　形〕
③ 心を鬼《おに》にして、彼をしかった。〔　　〕〔　　形〕
④ 人生は楽しむことが大切だ。〔　　〕〔　　形〕
⑤ 日光を浴びれば、目が覚める。〔　　〕〔　　形〕
⑥ 来年もここに来よう。〔　　〕〔　　形〕
⑦ 他人の気分を害さないように気をつける。〔　　〕〔　　形〕
⑧ 自分のことは自分で決めろ。〔　　〕〔　　形〕

ア　五段活用　　イ　上一段活用　　ウ　下一段活用
エ　サ行変格活用　　オ　カ行変格活用

らくらく
マルつけ
La-07

OUTPUT! 8 動詞 ③

答えと解き方⬇別冊6ページ

ちょこっとインプット
Li-08

❶ 動詞について、あとの問いに答えなさい。

問1 次の――線部の動詞が自動詞であればアを、他動詞であればイを書きなさい。

① 水をかければ火は消える。〔　　〕
② 夜中に目が覚めた。〔　　〕
③ えさをまいて魚を集める。〔　　〕
④ 友達にマンガを借りた。〔　　〕
⑤ 彼女《かのじょ》は時間がなくてあわてている。〔　　〕
⑥ お腹《なか》がいっぱいで給食を残した。〔　　〕
⑦ 落ち葉に火をつけてたき火をする。〔　　〕
⑧ 道路に雪が降り積もった。〔　　〕
⑨ 階段から落ちそうになった。〔　　〕
⑩ ドリブルのコツをつかんだ。〔　　〕
⑪ 急に一つの名案が浮かんだ。〔　　〕
⑫ 物陰《ものかげ》から動物の鳴き声が聞こえた。〔　　〕
⑬ ぬれた雑巾《ぞうきん》で窓を拭《ふ》いた。〔　　〕
⑭ 同じ失敗を繰《く》り返してはいけない。〔　　〕
⑮ 旧友との思い出話に花が咲《さ》いた。〔　　〕
⑯ 道は街灯の光に照らされている。〔　　〕

問2 次の――線部の動詞が可能動詞であれば○を、可能動詞でなければ×を書きなさい。

① その本は小さい子どもでも読める。〔　　〕
② 相手によって態度を変える。〔　　〕
③ この服は子どもっぽく見える。〔　　〕
④ そこには歩いて行ける。〔　　〕
⑤ 翼《つばさ》があれば、空も飛べる。〔　　〕
⑥ 足の痛みにたえる。〔　　〕
⑦ 牛乳からバターをつくれる。〔　　〕
⑧ 予算はもう少し増やせる。〔　　〕
⑨ 日曜日は友達と遊べる。〔　　〕
⑩ 標語を七文字に縮める。〔　　〕
⑪ この曲はだれでも歌える。〔　　〕
⑫ カレーにソースを加える。〔　　〕
⑬ この割引券は来年まで使える。〔　　〕
⑭ 休日の予定を空ける。〔　　〕

ヒント
自動詞と他動詞は、動詞の直前にある助詞に注目すると区別しやすい。

❷ 動詞について、あとの問いに答えなさい。

問1 次の――線部の動詞が自動詞であれば他動詞に、他動詞であれば自動詞にして、終止形で答えなさい。

① 注意をおこたると、ミスが起きる。〔　　〕
② きれいな川が流れる。〔　　〕
③ 友人との約束は決して破らない。〔　　〕
④ 頭を使うとお腹が減る。〔　　〕
⑤ 背筋をのばして立つ。〔　　〕
⑥ 彼《かれ》はポケットに何かを隠《かく》している。〔　　〕
⑦ 赤の絵の具に白の絵の具を混ぜる。〔　　〕
⑧ ストーブで部屋を温める。〔　　〕
⑨ 曲がったスプーンを元にもどす。〔　　〕
⑩ 上京のために家を出る。〔　　〕
⑪ 困っている人を助ける。〔　　〕
⑫ 建て替《か》え工事が終わる。〔　　〕
⑬ 重ねてお礼を言う。〔　　〕
⑭ 人里に熊が現れる。〔　　〕
⑮ 面倒《めんどう》なことが起こる。〔　　〕
⑯ 計画が順調に進む。〔　　〕
⑰ 入浴剤《にゅうよくざい》がお湯に溶《と》ける。〔　　〕
⑱ 自分のことを棚《たな》に上げる。〔　　〕
⑲ 自宅に荷物が届いた。〔　　〕
⑳ 連休があっという間に過ぎた。〔　　〕

問2 次の――線部の動詞が可能動詞であれば○を、可能動詞でなければ×を書きなさい。

① 記者の質問に答える。〔　　〕
② 彼は英語を流ちょうに話せる。〔　　〕
③ ルールを守れる人はえらい。〔　　〕
④ あの店よりこの店の方が安く買える。〔　　〕
⑤ 遊園地は、大人も子どもも楽しめる。〔　　〕
⑥ どうにか試験に受かった。〔　　〕
⑦ このボールペンは消しゴムで消せる。〔　　〕
⑧ このチームならきっと勝てる。〔　　〕
⑨ ストレッチをして体がほぐれた。〔　　〕
⑩ 北海道では流氷が見られる。〔　　〕
⑪ この問題は楽に解ける。〔　　〕
⑫ その芸人は今売れている。〔　　〕
⑬ 遠くから歌が聞こえる。〔　　〕
⑭ あと十五分は走れそうだ。〔　　〕
⑮ 彼女はピアノが弾《ひ》ける。〔　　〕

らくらく
マルつけ
La-08

OUTPUT 9 形容詞

❶ 形容詞について、あとの問いに答えなさい。

問1 次の文から形容詞を抜《ぬ》き出しなさい。形容詞がない場合は×を書きなさい。

① 今年の冬は暖かかった。
② 夜光虫が青白く光る。
③ 彼《かれ》の考えは正しかった。
④ 重苦しい空気がただよう。
⑤ スイカはあまり好きではない。
⑥ 波が船を激しくゆらす。
⑦ 優秀《ゆうしゅう》な成績で卒業する。
⑧ それが本当かどうかは、非常に疑わしい。
⑨ 痛くても我慢《がまん》しなければならない。
⑩ 甘《あま》い洋菓子《ようがし》の匂《にお》いがする。
⑪ 大きな木の下で休憩《きゅうけい》する。
⑫ 塩を入れ過ぎて味が濃《こ》くなった。
⑬ 日焼けしていて肌《はだ》が浅黒い。
⑭ プロの生演奏はすごかった。
⑮ その花は香りが強い。

問2 次の各文の――線部の形容詞をふくむ文節は、どの文の成分にあたるか。あとからそれぞれ一つ選び、記号で答えなさい。（同じ記号を何度使ってもかまいません。）

① やりは先端《せんたん》がするどくとがっている。
② こんなにおいしい料理は食べたことがない。
③ 手厚いもてなしを受ける。
④ キャベツには、赤いのもある。
⑤ 今一番苦しいのは、彼女《かのじょ》だ。
⑥ 彼はうれしくても、表情に出さない。
⑦ 彼の書く字はきたない。
⑧ 小さいころの記憶《きおく》はあやふやだ。
⑨ 彼女は珍《めずら》しく時間どおりに来た。
⑩ つらいのは、自分だけではない。
⑪ 今日はもう遅《おそ》いので、先に帰ります。

ア 主語　イ 述語　ウ 修飾語《しゅうしょくご》
エ 接続語　オ 独立語

ヒント
形容詞を見分けるときは、言い切りの形に注目しよう。

答えと解き方➡別冊7ページ

ちょこっとインプット Li-09

❷ 形容詞について、あとの問いに答えなさい。

問1 次の――線部の活用形を、それぞれ漢字で答えなさい。

① 薄暗《うすぐら》い部屋にこもる。　【　　】形
② 彼とは親しく交際している。　【　　】形
③ つらければ、休んでもいい。　【　　】形
④ 部屋が暑くて寝苦《ねぐる》しい。　【　　】形
⑤ 宿題は手っ取り早くすませたい。　【　　】形
⑥ 外が寒ければ、家にもどろう。　【　　】形
⑦ 彼はおこりっぽい性格だ。　【　　】形
⑧ その薬はとても苦かった。　【　　】形
⑨ 試合に負けて、さぞくやしかろう。　【　　】形
⑩ このお寺は古めかしい。　【　　】形
⑪ 彼女は優《やさ》しく、しかも頭がいい。　【　　】形
⑫ この車は比較的《ひかくてき》新しい。　【　　】形
⑬ 徹夜《てつや》したのなら眠《ねむ》かろう。　【　　】形
⑭ 両手を強く握《にぎ》りしめた。　【　　】形
⑮ もう少し暖かければ散歩に行くのに。　【　　】形
⑯ 弱い者いじめをしてはいけない。　【　　】形
⑰ 生まれたての赤子はかわいかろう。　【　　】形
⑱ おいしいラーメンが食べたい。　【　　】形
⑲ 警官の服装がやけにものものしい。　【　　】形
⑳ 提案を冷たくあしらわれた。　【　　】形

問2 次の【　】内の形容詞を適切に活用させなさい。変える必要がない場合は、〇を書きなさい。

① このぶどうはとても【すっぱい】。　【　　】
② その映画は【切ない】て、感動的だった。　【　　】
③ 商品は、【安い】ば安いほどいい。　【　　】
④ 【たのもしい】人を味方につけた。　【　　】
⑤ 【注意深い】観察すれば、答えがわかる。　【　　】
⑥ 台詞《せりふ》をまちがえてしまって、【はずかしい】た。　【　　】
⑦ 夢をあきらめるのは、【もったいない】と思う。　【　　】
⑧ 海は【深い】、空は広い。　【　　】
⑨ 一人暮らしは、大変なことも【多い】う。　【　　】
⑩ 【規則正しい】生活をしよう。　【　　】
⑪ 外が一時【騒々《そうぞう》しい】なった。　【　　】
⑫ 【苦しい】ても弱音は吐《は》かない。　【　　】
⑬ ここが【狭《せま》い】ば、もっと広い場所を探そう。　【　　】
⑭ 今日の彼は表情が【暗い】た。　【　　】
⑮ 【古い】空き家を取り壊《こわ》す。　【　　】

らくらくマルつけ
La-09

OUTPUT! 10 形容動詞

答えと解き方➡別冊8ページ

ちょこっとインプット Li-10

❶ 形容動詞について、あとの問いに答えなさい。

問1 次の文から形容動詞を抜《ぬ》き出しなさい。形容動詞がない場合は×を書きなさい。

① 彼《かれ》は部活動に熱心に取り組む。〔　　〕
② 通学路にはなだらかな坂がある。〔　　〕
③ それが本当なら、非常にまずい。〔　　〕
④ 私は彼女《かのじょ》とは無関係だ。〔　　〕
⑤ 彼女はささいなことを気にしない。〔　　〕
⑥ 頭が痛くて、体もだるい。〔　　〕
⑦ 駅にはたえまなく人がやって来る。〔　　〕
⑧ あら、すてき。〔　　〕
⑨ 責任の所在は明らかでない。〔　　〕
⑩ 理論を具体的に説明する。〔　　〕
⑪ 彼は強気な姿勢を崩《くず》さない。〔　　〕
⑫ にわかに空が曇《くも》り始めた。〔　　〕
⑬ 彼女の成績は抜群《ばつぐん》だった。〔　　〕
⑭ きらびやかな衣装《いしょう》を身にまとう。〔　　〕
⑮ お金が必要なら貸してあげよう。〔　　〕

問2 次の各文の――線部の形容動詞をふくむ文節は、どの文の成分にあたるか。あとからそれぞれ一つ選び、記号で答えなさい。（同じ記号を何度使ってもかまいません。）

① 先生は真面目《まじめ》だがユーモアもある。〔　　〕
② 授業で積極的に発言する。〔　　〕
③ 平和なのはいいことだ。〔　　〕
④ 教室はだれもいなくて静かだ。〔　　〕
⑤ さわやかな風が心地《ここち》よい。〔　　〕
⑥ コンピュータの計算は正確なので心強い。〔　　〕
⑦ 幸運なことに、懸賞《けんしょう》にあたった。〔　　〕
⑧ 象の身体《からだ》は巨大《きょだい》だ。〔　　〕
⑨ 現実的なのは二つ目の案だ。〔　　〕
⑩ この部屋は質素だが居心地がよい。〔　　〕
⑪ あまり悲観的になりすぎないほうがよい。〔　　〕

ア 主語　イ 述語　ウ 修飾語《しゅうしょくご》
エ 接続語　オ 独立語

ヒント
言い切りの形が「だ」で終わるものが形容動詞。
形容動詞は単独で述語や修飾語になるだけでなく、別の単語と結びついて主語や接続語にもなる。

❷ 形容動詞について、あとの問いに答えなさい。

問1 次の――線部の活用形を、それぞれ漢字で答えなさい。

① 少量なら飲み込《こ》んでもだいじょうぶだ。〔　　　形〕
② 彼の発言は論理的におかしい。〔　　　形〕
③ 簡単な問題はまちがえたくない。〔　　　形〕
④ 星空がとてもきれいだった。〔　　　形〕
⑤ 今日は波がおだやかだ。〔　　　形〕
⑥ 彼が怒《おこ》るのも当然だろう。〔　　　形〕
⑦ 可能なら二人で話したい。〔　　　形〕
⑧ 状況《じょうきょう》はこちらに不利だ。〔　　　形〕
⑨ 遠回りをする方が安全だろう。〔　　　形〕
⑩ 空気が新鮮《しんせん》で、景色もきれいだ。〔　　　形〕
⑪ 率直《そっちょく》な意見を聞かせてください。〔　　　形〕
⑫ 血圧の数値は正常だ。〔　　　形〕
⑬ 彼の主張は正当だろう。〔　　　形〕
⑭ 尊大な態度でふるまう。〔　　　形〕
⑮ 寝不足《ねぶそく》なら集中できないだろう。〔　　　形〕
⑯ 違反《いはん》を画一的に処理する。〔　　　形〕
⑰ 彼女の当選は確実だろう。〔　　　形〕
⑱ ジグソーパズルがばらばらになる。〔　　　形〕
⑲ 時計が正確ならば、今は十時半だ。〔　　　形〕
⑳ 異様な光景が広がる。〔　　　形〕

問2 次の【　】内の形容動詞を適切に活用させなさい。変える必要がない場合は、○を書きなさい。

① 大きな事故に巻き込まれたが、【無事だ】た。〔　　　〕
② 【不要だ】外出はひかえたい。〔　　　〕
③ 都会なのに人通りが【まばらだ】。〔　　　〕
④ 【無理だ】ばそう言ってください。〔　　　〕
⑤ もっと【簡潔《かんけつ》だ】説明してください。〔　　　〕
⑥ 駅の近くに住めたら【便利だ】う。〔　　　〕
⑦ 子どもが【すこやかだ】育つ。〔　　　〕
⑧ 用事を【手短だ】すませる。〔　　　〕
⑨ わたしの故郷は田舎《いなか》だが【のどかだ】、美しい。〔　　　〕
⑩ この結果に彼は【不満だ】うけど、しかたがない。〔　　　〕
⑪ 通学が【困難だ】ば、自宅で待機してください。〔　　　〕
⑫ 店員の説明はとても【丁寧《ていねい》だ】た。〔　　　〕

らくらくマルつけ
La-10

OUTPUT! 11 まとめのテスト②

／100点

答えと解き方➡別冊8ページ

❶ 活用のある自立語について、あとの問いに答えなさい。［52点］

問1 次の――線部と同じ品詞をふくむ文を、あとからそれぞれ一つ選び、記号で答えなさい。（同じ記号を何度使ってもかまいません。）（2点×11）

① 家から学校まで歩いた。［　　］
② その子はおとなしくて、手がかからない。［　　］
③ 気分が高まると、声も高くなる。［　　］
④ 重大な事実に気がついた。［　　］
⑤ 先生の奥《おく》さんは上品で美しい。［　　］
⑥ この昆虫《こんちゅう》はめずらしい種だ。［　　］
⑦ 偶然《ぐうぜん》にも彼《かれ》と駅で出会った。［　　］
⑧ 惜《お》しくも決勝戦で敗れた。［　　］
⑨ どれだけ考えても答えは出なかった。［　　］
⑩ 式典に似つかわしい服装をする。［　　］
⑪ 勉強がおろそかになる。［　　］

ア 彼女《かのじょ》の身のこなしはしなやかだ。
イ 蛇口《じゃぐち》をひねって水を流す。
ウ 外は寒いが、家の中は暖かい。

問2 次の各グループの中で他と品詞や活用の種類が異なるものをそれぞれ一つ選び、答えなさい。（2点×15）

① 【暑い・きれいだ・急だ・親切だ】［　　］
② 【眠《ねむ》い・激しい・素直《すなお》だ・まぶしい】［　　］
③ 【浅く・弱い・細かく・手軽な】［　　］
④ 【自然に・おいしい・真っすぐな・不便で】［　　］
⑤ 【思う・言う・見る・聞く】［　　］
⑥ 【行く・来る・向かう・去る】［　　］
⑦ 【あぶない・きたない・いらない・切ない】［　　］
⑧ 【割れる・慣れる・入れる・取れる】［　　］
⑨ 【欠ける・書ける・掛《か》ける・駆《か》ける】［　　］
⑩ 【簡単だ・おろかだ・切実だ・寒い】［　　］
⑪ 【丸い・するどい・つぶらだ・四角い】［　　］
⑫ 【買う・売る・貸す・借りる】［　　］
⑬ 【いじる・かじる・なじる・はじる】［　　］
⑭ 【会える・癒《い》える・植える・終える】［　　］
⑮ 【砕《くだ》ける・仕掛ける・助ける・設ける】［　　］

❷ 活用のある自立語について、あとの問いに答えなさい。【48点】

問1 次の——線部の動詞の活用の種類を答えなさい。（2点×9）

例 入学して早々に、たくさんの友達ができた。　【カ行上一段活用】

① 食べる量を減らし、運動量を増やす。【　　　　】

② 三つの中から好きなものを選べる。【　　　　】

③ 目標に向かって一歩前進した。【　　　　】

④ 私は彼に気づかずに通り過ぎた。【　　　　】

⑤ 釣《つ》りに行ったが、何も得られなかった。【　　　　】

⑥ 今日は来てくれてありがとう。【　　　　】

⑦ 正義は必ず勝つとはかぎらない。【　　　　】

⑧ 階段から降りると、愛犬が寄って来た。【　　　　】

⑨ 彼のいたずらにはうんざりしている。【　　　　】

問2 次の【　】内の用言を適切に活用させなさい。変える必要がない場合は、○を書きなさい。（3点×10）

① 料理人の朝は【早い】。【　　　　】

② 今から【走る】ば、まだ間に合う。【　　　　】

③ この曲は、あまり【好きだ】はない。【　　　　】

④ 【険しい】山をこえた先に、故郷がある。【　　　　】

⑤ ぼくの夢を、両親はまったく【反対する】ない。【　　　　】

⑥ 今はお腹《なか》の調子が【よい】ない。【　　　　】

⑦ 人の話は最後まで【聞く】う。【　　　　】

⑧ 時間が【必要だ】ば、もう少し待ちます。【　　　　】

⑨ どんなに【お金持ちだ】うと、命は買えない。【　　　　】

⑩ 長い時間歩き続けて、【へとへとだ】なった。【　　　　】

らくらく
マルつけ
La-11

OUTPUT! 12 名詞

答えと解き方⬇別冊9ページ

ちょこっとインプット
Li-12

❶ 名詞について、あとの問いに答えなさい。

問1 次の各文から名詞をすべて抜《ぬ》き出しなさい。

① 梅の花が咲《さ》いている。〔　〕
② バッハは有名な音楽家だ。〔　〕
③ 時計の針は五時を指している。〔　〕
④ 彼《かれ》とぼくは同じチームに所属している。〔　〕
⑤ その本はまだ読んだことがない。〔　〕
⑥ なかなかよい考えが浮《う》かばない。〔　〕
⑦ 私の家には猫《ねこ》が三匹《さんびき》いる。〔　〕
⑧ 先生に言われたとおりに勉強する。〔　〕
⑨ そのアイドルのファンのほとんどは男性だ。〔　〕

問2 次の各文の――線部の名詞をふくむ文節は、どの文の成分にあたるか。あとからそれぞれ一つ選び、記号で答えなさい。（同じ記号を何度使ってもかまいません。）

① 川が干上《ひあ》がっている。〔　〕
② これは君とぼくだけの秘密だ。〔　〕
③ そこにあるものは何ですか。〔　〕
④ 全国制覇《ぜんこくせいは》、それが目標です。〔　〕
⑤ 彼は有名人なのに、腰《こし》が低い。〔　〕
⑥ 部活で校庭を一周する。〔　〕
⑦ 天才でも、まちがえることはある。〔　〕
⑧ 夏には家族でハワイに行く。〔　〕
⑨ キリンは首が長い。〔　〕
⑩ 新幹線で通勤する。〔　〕
⑪ それは紛《まぎ》れもない事実だ。〔　〕

ア 主語　イ 述語　ウ 修飾語《しゅうしょくご》
エ 接続語　オ 独立語

ヒント
名詞が主語になるときは「～が」「～は」「～も」という形になることが多く、述語になるときは「～だ」「～です」という形になることが多い。

❷ 名詞について、あとの問いに答えなさい。

問1 次の――線部の名詞の種類として適切なものを、あとからそれぞれ一つ選び、記号で答えなさい。（同じ記号を何度使ってもかまいません。）

① 夏目漱石《なつめそうせき》は小説『坊《ぼ》っちゃん』の作者だ。〔　〕
② くじ引きの結果は三等だった。〔　〕
③ 事実は小説よりも奇《き》なり。〔　〕
④ 口からでまかせを言う。〔　〕
⑤ それはとてもよいアイデアだね。〔　〕
⑥ 東京は日本の首都だ。〔　〕
⑦ 桃太郎《ももたろう》は日本の有名な昔話だ。〔　〕
⑧ ぼくはクラスで二番目に背が高い。〔　〕
⑨ 君の考えにも一理ある。〔　〕
⑩ 困ったときは、だれかに相談しよう。〔　〕
⑪ 待ち合わせの時間は四時だ。〔　〕
⑫ パリには行ったことがない。〔　〕
⑬ 琵琶湖《びわこ》は日本で最も大きい湖だ。〔　〕
⑭ 私の好きな色はエメラルドグリーンです。〔　〕
⑮ 今学校に向かっているところだ。〔　〕
⑯ 戦争の歴史を学ぶ。〔　〕
⑰ 鬼怒川《きぬがわ》の流域には多くの温泉がある。〔　〕

ア 普通名詞《ふつうめいし》　イ 固有名詞　ウ 数詞
エ 代名詞　オ 形式名詞

問2 次の――線部が形式名詞であれば○を、形式名詞でなければ×を書きなさい。

① ちょうど宿題が終わったところだ。〔　〕
② 学生時代は部活にうちこんだものだ。〔　〕
③ ことの真相が明るみに出る。〔　〕
④ 彼が泣いていたわけを知りたい。〔　〕
⑤ うそがばれないはずがない。〔　〕
⑥ 親がしかるのは、君のためを思ってのことだ。〔　〕
⑦ 雨のため、遠足は中止になった。〔　〕
⑧ 遅刻《ちこく》したうえに、家に忘れ物をした。〔　〕
⑨ ときの流れは残酷《ざんこく》なものだ。〔　〕
⑩ 笑っていられるのも今のうちだ。〔　〕
⑪ ここであきらめるわけにはいかない。〔　〕
⑫ 先生の言うとおりにする。〔　〕
⑬ 宿題は明日やるつもりだ。〔　〕
⑭ ものは大事にあつかうべきだ。〔　〕
⑮ その草はいたるところに生えている。〔　〕

らくらく
マルつけ
La-12

OUTPUT 13 副詞

❶ 副詞について、あとの問いに答えなさい。

問1 次の各文から副詞を一つ抜《ぬ》き出しなさい。副詞がない場合は×を書きなさい。

① 昨日夜遅《おそ》くまで起きていたので、頭がはっきりとしない。「　　」

② 私は愉快《ゆかい》な気持ちになって、彼《かれ》の肩《かた》をとんとんたたいた。「　　」

③ ふと胸騒《むなさわ》ぎがして、不安が頭をよぎった。「　　」

④ 若者がカフェに集まり、にぎやかに会話をしている。「　　」

⑤ 彼女《かのじょ》の笑顔《えがお》はまるで空にかがやく太陽のようだ。「　　」

⑥ 今、私がロンドンにいるとはだれも知らないだろう。「　　」

⑦ 今一度、私にチャンスをくださいませんか。「　　」

⑧ 外で雷《かみなり》が鳴り、かなり大きな音がした。「　　」

問2 次の――線部の副詞が修飾《しゅうしょく》している文節を抜き出して答えなさい。

答えと解き方⬇別冊10ページ

ちょこっとインプット Li-13

① 東京には進学や就職のために多くの人が集まるため、人口が**とても**多い。「　　」

② そんなに急がないで、**もっと**ゆっくり歩いてください。「　　」

③ 急用ができたので、**しばらく**の間、席を外します。「　　」

④ みなさんが集まったので、**早速《さっそく》**会議を始めましょう。「　　」

⑤ 彼は一人で課題を**すべて**解決してしまった。「　　」

⑥ 雨で**せっかく**の旅行が台なしになるところだった。「　　」

⑦ ミクロンは**非常に**小さな単位である。「　　」

ヒント
副詞は主語にはならず、おもに用言を修飾する。用言以外にも、体言や他の副詞・連体詞を修飾することもある。

❷ 副詞について、あとの問いに答えなさい。

問1 次の——線部の副詞の種類として適切なものを、あとからそれぞれ一つ選び、記号で答えなさい。（同じ記号を何度使ってもかまいません。）

① アフリカ大陸にあるナイル川は世界で最も長い川だ。［　］

② ぼくは英語が全然わからない。［　］

③ 昨日から彼の様子がなんだか少し変な気がする。［　］

④ 目の前の生徒がいきなり立ち上がり、教室を出て行った。［　］

⑤ 彼女は時間にルーズなので、たぶん今日も遅《おく》れて来るだろう。［　］

⑥ 人の幼いころの性格は、すぐには変わらないものだ。［　］

⑦ こんな難しいテストで満点を取れる人はごくわずかだ。［　］

⑧ ぜひ先生の忌憚《きたん》のないご意見をおうかがいしたいです。［　］

⑨ 夜がしんしんと更《ふ》けていき、虫の音《ね》だけが聞こえてくる。［　］

ア　状態の副詞　　イ　程度の副詞　　ウ　呼応の副詞

問2 次の□にあてはまる呼応の副詞として適切なものを、あとからそれぞれ一つ選び、記号で答えなさい。

① □嵐《あらし》になっても、仕事に行くつもりです。［　］

② 明日になれば、□学校に行けるだろう。［　］

③ 私はドイツ語を□知らないので、この本は読めない。［　］

④ □だまっていることができるだろうか。［　］

⑤ □浮《う》いているかのような感覚になってしまう。［　］

⑥ □私の願いを聞いてくださいませんか。［　］

⑦ あの日に固く誓《ちか》った約束を□忘れてはいまい。［　］

ア　少しも　　イ　おそらく　　ウ　どうして　　エ　たとえ
オ　どうか　　カ　まるで　　キ　よもや

らくらく マルつけ
La-13

OUTPUT 14 連体詞

❶ 連体詞について、あとの問いに答えなさい。

問1 次の各文から連体詞を一つ抜《ぬ》き出しなさい。連体詞がない場合は×を書きなさい。

① 世界にはいろんな国があり、さまざまな風習がある。〔　　〕
② 来《きた》る十二月に、私たちは結婚《けっこん》する予定です。〔　　〕
③ 最寄《もよ》り駅の近くには大きなスーパーがなくて不便だ。〔　　〕
④ あの人は私の母親の古くからの友人だ。〔　　〕
⑤ 彼《かれ》とはいろいろな話をし、非常に気が合った。〔　　〕
⑥ たいした問題ではないのに、しつこく追及《ついきゅう》しないでくれ。〔　　〕
⑦ 打球があらぬ方向へと飛んで行ってしまった。〔　　〕
⑧ 兄とそっくりな男が家の前にいてぞっとした。〔　　〕

問2 次のA～Cのうち、――線部が連体詞であるものを選び、記号で答えなさい。

① A ある人が大声で話し始めたので、うるさかった。
B 病院はこの道路を渡《わた》ってまっすぐ行った先にある。
C 新生活はすでにあるものでまかなえそうです。〔　　〕

② A 私も小さいころは生意気な少年だった。
B 画面の文字が小さくてよく見えない。
C 彼女《かのじょ》はとても小さな声で話すが、いいことを言う。〔　　〕

③ A それとこれとは別の話だからいっしょにはできない。
B そこにいるのはどなたですか。
C そのアニメはとても面白《おもしろ》かったのでおすすめだよ。〔　　〕

ヒント
連体詞はつねに名詞を修飾《しゅうしょく》し、「～な」「～の」「～る」「～た（だ）」という形が多い。

ちょこっとインプット Li-14

答えと解き方➡別冊10ページ

❷ 連体詞について、あとの問いに答えなさい。

問1 次の――線部が連体詞であれば○を、連体詞でなければ×を書きなさい。

① 彼女にサプライズでささやかな贈《おく》りものをしたいと思う。［　］

② そのマンガはおかしくて、涙《なみだ》が出るほど笑えた。［　］

③ ぼくではなく君が怒《おこ》られるのは、おかしな話だ。［　］

④ なごやかな雰囲気《ふんいき》で話をすることができてよかった。［　］

⑤ あの教室は次の授業で使う予定なので、入れないよ。［　］

⑥ ほんのわずかの手がかりでも、喉《のど》から手が出るほど欲《ほ》しい。［　］

⑦ あらゆる手段を用いて犯人を探し出すつもりだ。［　］

⑧ コンサートで生の演奏を聴《き》いて、一味違《ちが》うと実感する。［　］

⑨ こういう話はたいていうそだと相場が決まっている。［　］

⑩ ここ数日ろくなものを食べていない。［　］

問2 次のA～Cのうち、――線部が連体詞であるものを選び、記号で答えなさい。

① A 伝言を残してその場から去る。
B 去る六月に、事件は起きた。
C 彼は来月になったらこの学校を去るらしい。
［　］

② A 鍋《なべ》にはいろんな具材が入っている。
B 本棚《ほんだな》にはいろいろな本が並んでいる。
C 英語の勉強法についていろいろと教えてもらう。
［　］

③ A 彼女はどうして泣いているのだろう。
B いかなるときもスマートフォンを手放さない。
C その薬にはどのような効果があるのだろうか。
［　］

④ A 例の件について、話したいことがあります。
B 文章の書き方としては、これが最もよい例だ。
C 例によって、今年も年末はいそがしくなりそうだ。
［　］

らくらくマルつけ
La-14

OUTPUT 15 接続詞

❶ 接続詞について、あとの問いに答えなさい。

問1 次の各文から接続詞を一つ抜《ぬ》き出しなさい。接続詞がない場合は×を書きなさい。

① 彼《かれ》は一見平凡《へいぼん》だ。しかし、実はすごい才能がある。〔　　〕
② 駅まで走ったが、電車には乗れなかった。〔　　〕
③ うどんか、あるいはそばが食べたい。〔　　〕
④ 朝食を抜いた。だから、今とても空腹だ。〔　　〕
⑤ 明日は一月一日。すなわち、元日だ。〔　　〕
⑥ ところで、今日の晩ご飯は何にしよう。〔　　〕
⑦ 寒いので、買ったばかりのコートを羽織った。〔　　〕
⑧ 水を熱すると、やがて蒸発するだろう。〔　　〕

問2 次の――線部の接続詞の種類として適切なものを、あとからそれぞれ一つ選び、記号で答えなさい。

① 今日は朝から雨が降っている。そのうえ、風も強い。〔　　〕
② ドイツ語またはフランス語を学びたいと思っている。〔　　〕
③ 日本は、面積はそこまで大きくない。しかし、人口が多い。〔　　〕
④ 両生類には、たとえばカエルやイモリなどがいる。〔　　〕
⑤ このホテルは料金が高い。そのため、サービスもいい。〔　　〕
⑥ あれは日本で一番高い山、つまり富士山だよ。〔　　〕

ア 順接　イ 逆接　ウ 並立《へいりつ》・累加《るいか》　エ 補足
オ 例示　カ 対比・選択《せんたく》　キ 換言《かんげん》　ク 転換

ヒント
接続詞は自立語なので、単独で文節をつくる。
ほかの単語に付いて接続語となっているものは接続助詞。

ちょこっとインプット Li-15

答えと解き方⬇別冊11ページ

❷ 接続詞について、あとの問いに答えなさい。

問1 次の□にあてはまる接続詞として適切なものを、あとからそれぞれ一つ選び、記号で答えなさい。

① 兄は金づかいがとても荒《あら》い。□、浪費家《ろうひか》だ。〔　　〕

② 彼女《かのじょ》は頭がいい。□、性格もいいのだ。〔　　〕

③ 彼の犯罪の証拠《しょうこ》はない。□、彼を無罪とする。〔　　〕

④ 病院へは、電車□バスを使って行くとよい。〔　　〕

⑤ パソコンの電源を入れた。□、画面がつかない。〔　　〕

⑥ もう帰りたい。□、映画がつまらないからだ。〔　　〕

⑦ 緑黄色野菜とは、□、トマトやにんじんなどのカロテン含量《がんりょう》の多い野菜のことをいう。〔　　〕

⑧ もうすぐ夏休みだね。□、明日《あす》は暇《ひま》かな。〔　　〕

ア よって　イ ところが　ウ おまけに　エ なぜなら
オ たとえば　カ または　キ つまり　ク ところで

問2 次の――線部の接続詞の種類として適切なものを、あとからそれぞれ一つ選び、記号で答えなさい。

① 今日はいい天気ですね。さて、授業を始めます。〔　　〕

② 明日は気温が三十八度、つまり、猛暑日《もうしょび》になるだろう。〔　　〕

③ 今日もしくは明日に新任の先生が来ることになっている。〔　　〕

④ 人は哺乳類《ほにゅうるい》で、哺乳類は動物だ。したがって、人は動物だ。〔　　〕

⑤ 春という季節は暖かくて、それに、とてもおだやかだ。〔　　〕

⑥ 送料は無料です。ただし、一部の地域を除きます。〔　　〕

⑦ 私は甘《あま》いもの、たとえば、パンケーキが好きだ。〔　　〕

⑧ 全速力で走った。だが、彼には追いつけなかった。〔　　〕

ア 順接　イ 逆接　ウ 並立・累加　エ 補足
オ 例示　カ 対比・選択　キ 換言　ク 転換

らくらく
マルつけ
La-15

OUTPUT 16 感動詞

ちょこっとインプット Li-16

答えと解き方⬇別冊11ページ

❶ 感動詞について、あとの問いに答えなさい。

問1 次の各文から感動詞を一つ抜《ぬ》き出しなさい。感動詞がない場合は×を書きなさい。

① あれ、テレビがつかないぞ、壊《こわ》れたのかしら。［　　］

② おや、またお会いできるとは思っていませんでした。［　　］

③ もしもし、私の声がちゃんと聞こえますか。［　　］

④ おはよう、今日も元気に仕事をがんばろう。［　　］

⑤ そう、その調子、うまくできているよ。［　　］

⑥ はい、ぼくも心からそのように思います。［　　］

⑦ 君、そんなところにいないで、こちらに来たまえ。［　　］

⑧ えい、もう破れかぶれだ、どうにでもなれ。［　　］

問2 次の――線部の感動詞の種類として適切なものを、あとからそれぞれ一つ選び、記号で答えなさい。（同じ記号を何度使ってもかまいません。）

① いや、その意見には正しくない部分があると思う。［　　］

② よいしょ、と思わず声を出して立ち上がってしまった。［　　］

③ おお、すてきな柄《がら》と素材の着物を着ているね。［　　］

④ もう今夜は寝《ね》ることにします、おやすみなさい。［　　］

⑤ へえ、それは初耳だが、私が聞いた話と異なるようだ。［　　］

⑥ やあ、久しぶりだが君は元気にしていたかい。［　　］

ア 感動　　イ よびかけ　　ウ 応答
エ あいさつ　　オ かけ声

ヒント
感動詞は文頭にくることが多い。また、付属語が付かずに単独で独立語になる。

❷ 感動詞について、あとの問いに答えなさい。

問1 次の各文から感動詞を一つ抜き出しなさい。感動詞がない場合は×を書きなさい。

① はあ、そのような事情があったのですか。〔　　〕
② なるほど、そういうこととは知らなかった。〔　　〕
③ こら、授業中に堂々と寝るんじゃない。〔　　〕
④ やれやれ、また最初からやり直しか。〔　　〕
⑤ だれか、救急車をよんでくれませんか。〔　　〕
⑥ さあ、もう時間がなくなってきたから出発しよう。〔　　〕
⑦ それでは、また明日お会いしましょう。〔　　〕
⑧ ちょっと、そこの方、止まってください。〔　　〕
⑨ すみません、少しだけお時間をください。〔　　〕
⑩ ほら、私の言ったとおりになっただろう。〔　　〕

問2 次の――線部の感動詞の種類として適切なものを、あとからそれぞれ一つ選び、記号で答えなさい。（同じ記号を何度使ってもかまいません。）

① お帰りなさい、今日は帰りが遅《おそ》かったけどどうしたの。〔　　〕
② まあ、なんてひどいことをするのでしょうか。〔　　〕
③ いいえ、それはちがいます。〔　　〕
④ しめしめ、ぼくの計画どおりの展開になってきたぞ。〔　　〕
⑤ さあ、当時のことはよく思い出すことができません。〔　　〕
⑥ ええ、それは本当のことですか。〔　　〕
⑦ わっしょい、と、みこしをかつぐ声が聞こえてくる。〔　　〕
⑧ ねえ、SNSで高評価の映画でも見に行かない？〔　　〕
⑨ これ、早く支度《したく》しなさい。〔　　〕

ア 感動　イ よびかけ　ウ 応答
エ あいさつ　オ かけ声

らくらく
マルつけ
La-16

OUTPUT! 17 まとめのテスト③

／100点

答えと解き方⬇別冊11ページ

❶ 活用のない自立語について、あとの問いに答えなさい。［50点］

問1 次の――線部の名詞の種類として適切なものを、あとからそれぞれ一つ選び、記号で答えなさい。(3点×4)

① 敗北を喫《きっ》した今、もはや失うものは何もない。［　］

② オーストラリアは南半球にある大陸国である。［　］

③ 三月になれば、だんだんと暖かくなるだろう。［　］

④ 日本の四十七の都道府県の県庁所在地を言えるかい。［　］

ア 普通名詞《ふつうめいし》　イ 固有名詞　ウ 数詞　エ 代名詞

問2 次のA～Cのうち、――線部が連体詞であるものを選び、記号で答えなさい。(5点×2)

①
A すみやかな対応が求められている。
B 彼《かれ》とはひょんなことから友達になった。
C あやふやな記憶《きおく》をたどって話す。
［　］

②
A 彼とぼくは大の仲良しだ。
B 肩《かた》の力を抜《ぬ》いて大きく息を吸う。
C 修学旅行を大いに楽しんだ。
［　］

問3 次の□にあてはまる接続詞として適切なものを、あとからそれぞれ一つ選び、記号で答えなさい。(4点×3)

① もう寝《ね》る時間だ。□、全然眠《ねむ》くならない。［　］

② 彼女《かのじょ》は自分に酔《よ》っている人間、□、ナルシシストだ。［　］

③ 家を出たら雨が降ってきた。□、家に引き返した。［　］

ア それで　イ ところが　ウ つまり

問4 次の□にあてはまる呼応の副詞として適切なものを、あとからそれぞれ一つ選び、記号で答えなさい。(4点×4)

① □以前に経験したことがあるかのように錯覚《さっかく》する。［　］

② お金があるからといって、□幸福だとはいえない。［　］

③ □失敗したら、別の作戦を考えればいい。［　］

④ □この暗号を解くことができる人はいないだろう。［　］

ア 必ずしも　イ まさか　ウ あたかも　エ もし

❷ 活用のない自立語について、あとの問いに答えなさい。 〔50点〕

問1 次の――線部の品詞として適切なものを、あとからそれぞれ一つ選び、記号で答えなさい。（同じ記号を何度使ってもかまいません。）（2点×7）

① 実は、彼には双子《ふたご》の兄がいて、姿がそっくりなんだ。
② どんなささいなことでもいいので、教えてください。
③ 担任の先生とスーパーでばったり会って気まずい。
④ あの星はオリオン座のベテルギウスだが、わかるかい。
⑤ ちなみに、彼女はぼくの妹なのに、運動神経がいいんだ。
⑥ あれ、君はこんなところに寄り道して何をしているの。
⑦ ふとした瞬間《しゅんかん》に、昔のことを思い出して切なくなる。

ア　名詞
イ　副詞
ウ　連体詞
エ　接続詞
オ　感動詞

問2 次の各グループの中で、他と品詞や種類が異なるものをそれぞれ一つ選び、答えなさい。（4点×9）

① 【ひそかな・平和な・こんな・のどかな】
② 【とりわけ・ところで・とにかく・ときおり】
③ 【この・その・あれ・どの・いわゆる】
④ 【いわゆる・時々・ちいさな・見知らぬ】
⑤ 【しかし・はい・さて・だから・もしも】
⑥ 【一応・二時・四個・五番・七回】
⑦ 【しかし・だが・けれども・それゆえ】
⑧ 【湖・富士山・森林・河川《かせん》・雪月花】
⑨ 【そして・決して・どうして・大して】

らくらく
マルつけ
La-17

OUTPUT!

18 助動詞 ①

❶ 助動詞について、あとの問いに答えなさい。

問1 次の□にあてはまるように、「せる」か「させる」のいずれかを適切に活用させて答えなさい。

① 弟を買い物に行か□。 「　」

② ペットにえさを食べ□た。 「　」

③ 相手を不快にさ□ないように気をつける。 「　」

④ 彼《かれ》をよんで、ここに来□ばいい。 「　」

問2 次の□にあてはまるように、「ない」を適切に活用させて答えなさい。

① 今日も彼は学校に来□た。 「　」

② 努力し□ば、成績はよくならない。 「　」

③ 考えごとをしてしまって、眠《ねむ》れ□なった。 「　」

④ 私が怒《おこ》っている理由を彼女《かのじょ》は知ら□う。 「　」

⑤ それはでき□こともない。 「　」

答えと解き方➡別冊12ページ

ちょこっとインプット Li-18

問3 次の□にあてはまるように、「れる」か「られる」のいずれかを適切に活用させて答えなさい。

① 居眠りしているところを、彼女に見□た。 「　」

② 彼は今日、学校に来□ないらしい。 「　」

③ もう少しここにい□ばいいのに。 「　」

④ 小学生に元気にあいさつさ□た。 「　」

⑤ 他人に笑わ□ことは恥《は》ずかしい。 「　」

⑥ 先生に怒ら□て、泣き出しそうだ。 「　」

⑦ 校則を破ったせいで、反省文を書かさ□た。 「　」

⑧ 夜更《よふ》かしをしたので、明日朝早くは起き□ないだろう。 「　」

⑨ そんなことは普通《ふつう》では考え□ない。 「　」

ヒント
「せる」と「れる」は未然形の音がア段の音の動詞につき、「させる」と「られる」はそれ以外の動詞につく。

❷ 助動詞について、あとの問いに答えなさい。

問1 次のA～Dのうち、——線部の文法的意味がほかと異なるものをそれぞれ一つ選び、記号で答えなさい。

① A 街中で知らない人に話しかけられた。
B 一度に多くのことは考えられない。
C 父から長い説教を聞かされた。
D 日本人は親切だと思われている。 〔　　〕

② A 秋には学園祭が開催《かいさい》される。
B 校長先生がお話をされる。
C 天皇陛下がお気持ちを表明される。
D お客様が来場される。 〔　　〕

③ A 歴史の年号が覚えられない。
B 満腹でこれ以上食べられない。
C 風が冷たく感じられる。
D 日本では四季が見られる。 〔　　〕

④ A 来年もまたここに来よう。
B 今年の夏も暑かろう。
C 天気がいいので散歩をしに行こう。
D 宿題は明日やろう。 〔　　〕

⑤ A 彼は約束を守るだろう。
B 人から愛されようと努力する。
C 計画が実行されようとは思いもしなかった。
D じきに日が暮れよう。 〔　　〕

問2 次の——線部の助動詞の文法的意味として適切なものを、あとからそれぞれ一つ選び、記号で答えなさい。（同じ記号を何度使ってもかまいません。）

① 今のままでは将来が案じられる。 〔　　〕
② 試験に合格したことを母に知らせた。 〔　　〕
③ 先生はどちらに行かれるのですか。 〔　　〕
④ 彼に本当のことを話そう。 〔　　〕
⑤ 道に捨てられていた猫《ねこ》を拾った。 〔　　〕
⑥ 今日は早く寝《ね》なければならない。 〔　　〕
⑦ 電車が止まって帰れなくなった。 〔　　〕
⑧ この宝石は百万円くらいするだろう。 〔　　〕
⑨ 彼の疲弊《ひへい》した顔から、これまでの苦労がしのばれる。 〔　　〕
⑩ 彼女には一度うそをつかれたので、もう信じられない。 〔　　〕
⑪ 業績を改善しようとしても、簡単にはいかない。 〔　　〕
⑫ 若い人には、コーヒーは甘《あま》いほうが好まれよう。 〔　　〕

ア 使役《しえき》　イ 受身　ウ 可能　エ 自発
オ 尊敬　カ 打ち消し　キ 推量　ク 意志

らくらく マルつけ
La-18

OUTPUT! 19 助動詞②

❶ 助動詞について、あとの問いに答えなさい。

問1 次の□にあてはまるように、「たい」か「たがる」のいずれかを適切に活用させて答えなさい。

① 妹が遊園地に行き□。 ［　　］
② ぼくは友達と遊び□た。 ［　　］
③ 私は雨の日に外出し□ない。 ［　　］
④ 君が来□ば、いつでも来ていい。 ［　　］

問2 次の□にあてはまるように、「た」か「だ」のいずれかを適切に活用させて答えなさい。

① 友達を家によん□。 ［　　］
② 着なくなった服を捨て□。 ［　　］
③ 身内に不幸があって、さぞつらかっ□う。 ［　　］
④ どれほどがんばっても、死ん□元も子もない。 ［　　］
⑤ 破れ□障子を張り替《か》えた。 ［　　］
⑥ 夢がかなって、彼女《かのじょ》はどれほどうれしかっ□うか。 ［　　］

問3 次の【　】内のことばを適切に活用させなさい。変える必要がない場合は、〇を書きなさい。

① 決して【泣く】まいとする。 ［　　］
② この成績ならば、まさか【しかられる】まい。 ［　　］
③ 食事がまずくても、文句は【言う】まい。 ［　　］
④ 子どもを一人には【させる】まい。 ［　　］
⑤ 台風はここまでは【来る】まい。 ［　　］
⑥ そのようなことは【あります】まい。 ［　　］
⑦ その考えは根拠《こんきょ》が不十分なので、正しくは【ある】まい。 ［　　］
⑧ 戦争の記憶《きおく》を【風化させる】まいと、学校で講演を開く。 ［　　］
⑨ 成績表を親に【見られる】まい、と引き出しの奥《おく》に隠《かく》した。 ［　　］

ヒント 「まい」は未然形につく場合と終止形につく場合がある。

答えと解き方⬇別冊12ページ

ちょこっとインプット Li-19

❷ 助動詞について、あとの問いに答えなさい。

問1 次のA～Dのうち、――線部の文法的意味がほかと異なるものをそれぞれ一つ選び、記号で答えなさい。

① A 子どもは苦いものは食べまい。
B 真実はだれにもわかるまい。
C 彼《かれ》にはこの問題は解けまい。
D 人の悪口を言うまいと決めている。　［　　］

② A 昨晩見た映画はおもしろかった。
B 去年は家族で海外旅行に行った。
C 宿題が終わったら、ゲームをしよう。
D 昔この辺りには駄菓子屋《だがしや》があった。　［　　］

③ A その日は仕事でいそがしかった。
B 今朝は八時に起きた。
C 破れたズボンははかない。
D 昨日《きのう》言ったことばは忘れてほしい。　［　　］

④ A 祖母は元気そうだ。
B 今日は雨が降るそうだ。
C 遅刻《ちこく》しそうならば、連絡《れんらく》しよう。
D 彼女は不安そうな表情をしている。　［　　］

⑤ A うれしくて涙《なみだ》が出そうだ。
B 電車はもうすぐ到着《とうちゃく》するそうだ。
C このお店のカレーはおいしいそうだ。
D 元気にやっているそうなので、安心した。　［　　］

問2 次の――線部の助動詞の文法的意味として適切なものを、あとからそれぞれ一つ選び、記号で答えなさい。（同じ記号を何度使ってもかまいません。）

① 心配をかけまいと、痛みをこらえた。　［　　］
② 料金体系が大きく変わった。　［　　］
③ ちょうど読書感想文を書き終えたところだ。　［　　］
④ 彼は意外にも演歌が好きだそうだ。　［　　］
⑤ 悲しそうな表情で、彼女はうつむいた。　［　　］
⑥ 今日は、あなたの誕生日だったよね。　［　　］
⑦ 母は、ぼくがうそをついているとは思うまい。　［　　］
⑧ 私がいくら旅行に行きたがっても、連れて行ってくれない。　［　　］
⑨ 肩《かた》にかけたバッグを机に下ろす。　［　　］
⑩ 問題を解き終わったら、しっかり見直しをしよう。　［　　］
⑪ 待ち合わせの時間は午後一時でしたね。　［　　］
⑫ 今朝はパンとヨーグルトを食べた。　［　　］

ア 希望　　イ 過去　　ウ 完了《かんりょう》
エ 存続　　オ 想起　　カ 打ち消し推量
キ 打ち消し意志　　ク 様態　　ケ 伝聞

らくらくマルつけ
La-19

OUTPUT! 20 助動詞③

ちょこっとインプット Li-20

答えと解き方⬇別冊13ページ

❶ 助動詞について、あとの問いに答えなさい。

問1 次の□にあてはまるように、「ます」を適切に活用させて答えなさい。

① 私はあまり肉を食べ□ん。 〔　　〕
② 図書館に本を返しに来□た。 〔　　〕
③ みんなでいっしょに歌い□う。 〔　　〕
④ またお会いでき□ば、幸いです。 〔　　〕
⑤ 少々お待ちください□。 〔　　〕
⑥ 明日は家にいようと思い□。 〔　　〕

問2 次の□にあてはまるように、「です」を適切に活用させて答えなさい。

① まったく気がつきません□た。 〔　　〕
② 明日は雪が降る□う。 〔　　〕
③ 歩きスマホは危険□ので、おやめください。 〔　　〕
④ 私の理解者は彼《かれ》だけ□。 〔　　〕
⑤ 今年は暖冬により、桜の開花が早くなる□う。 〔　　〕

問3 次の□にあてはまるように、「だ」を適切に活用させて答えなさい。

① 幼いころ、私は泣き虫□た。 〔　　〕
② 上級生□ば、下級生の手本になるべきだ。 〔　　〕
③ 日本は先進国□ある。 〔　　〕
④ 彼は大阪出身□ので、関西弁を話す。 〔　　〕
⑤ 明日も休み□たらいいのに。 〔　　〕
⑥ 今日見た景色を、ぼくは決して忘れない□う。 〔　　〕
⑦ 外に出かける□、暖かい格好をして行きなさい。 〔　　〕
⑧ 明日から学校□のに、宿題が終わっていない。 〔　　〕
⑨ このきのこは食べられる種類□うか。 〔　　〕
⑩ 彼女《かのじょ》は私服警官□あろう。 〔　　〕

ヒント
「だ」は形容動詞とほとんど同じ活用をする。

❷ 助動詞について、あとの問いに答えなさい。

問1 次のA〜Dのうち、——線部の文法的意味がほかと異なるものをそれぞれ一つ選び、記号で答えなさい。

① A 彼がはいているようなくつが欲《ほ》しい。
B 図書館のように静かな場所が好きだ。
C 今夜はかなり寒くなるようだ。
D 先生のように立派な人になりたい。　〔　　〕

② A 彼は落ち込《こ》んでいるようだ。
B 自分の考えがまちがっていたようだ。
C 彼女の笑顔《えがお》は天使のようだ。
D ようやく目的地に着いたようだ。　〔　　〕

③ A 夏休みの宿題が山のように残っている。
B 頬《ほお》がりんごのように赤くなる。
C 夢のような時間を過ごした。
D 沖縄のような暖かい地域に住みたい。　〔　　〕

④ A 納豆《なっとう》は身体《からだ》によいらしい。
B 子どもらしく元気に遊ぶ。
C 母は気分がよいらしく、おこづかいをくれた。
D ぼくはだまされてしまったらしい。　〔　　〕

⑤ A だれかが通ったらしく、足跡《あしあと》がある。
B 彼は授業がつまらないらしい。
C 近所にジムができるらしい。
D かわいらしい子犬がいる。　〔　　〕

問2 次の——線部の助動詞の文法的意味として適切なものを、あとからそれぞれ一つ選び、記号で答えなさい。(同じ記号を何度使ってもかまいません。)

① ここが日光東照宮《とうしょうぐう》です。　〔　　〕
② もし自分が鳥だったら、空を自由に飛べるのに。　〔　　〕
③ ただいま準備しておりますので、もう少々お待ちください。　〔　　〕
④ この時計はとても高価らしい。　〔　　〕
⑤ 父は鬼《おに》のような形相で怒《おこ》った。　〔　　〕
⑥ がんばっているようだから、心配ないだろう。　〔　　〕
⑦ 世界中で大気汚染《たいきおせん》のような環境問題《かんきょうもんだい》が起きている。　〔　　〕
⑧ 家族ならば、助け合うべきだ。　〔　　〕
⑨ 暴力をふるうような人とは距離《きょり》を置きたい。　〔　　〕
⑩ 彼の手にできたまめから、血のにじむような努力を感じる。　〔　　〕
⑪ 玄関《げんかん》のドアが開く音がしたので、だれか来たようだ。　〔　　〕

ア 推定　イ たとえ　ウ 例示　エ 丁寧《ていねい》
オ 断定　カ 丁寧な断定

らくらく
マルつけ
La-20

OUTPUT! 21 助詞①

1 助詞について、あとの問いに答えなさい。

問1 次の――線部の格助詞のはたらきとして適切なものを、あとからそれぞれ一つ選び、記号で答えなさい。（同じ記号を何度使ってもかまいません。）

① アサガオの花が咲《さ》く。［　］
② 犬と猫《ねこ》はペットとして人気だ。［　］
③ 地平線に夕日が沈《しず》む。［　］
④ 朝五時に東京を出発する。［　］
⑤ 私は音楽を聴《き》くのが好きです。［　］
⑥ 彼女《かのじょ》の書く字はきれいだ。［　］
⑦ 将来は野球選手になりたい。［　］
⑧ あれやこれやと大騒《おおさわ》ぎした。［　］
⑨ 悪いのは君ではない。［　］
⑩ 買うべきものは豚肉《ぶたにく》に卵に牛乳だ。［　］
⑪ 私が考えた企画《きかく》が通った。［　］
⑫ 数学の課題がとても難しい。［　］
⑬ ようやく山頂へたどり着いた。［　］

ア 主格　イ 連体修飾格《れんたいしゅうしょくかく》　ウ 連用修飾格
エ 並立《へいりつ》　オ 体言の代用

問2 次の――線部の副助詞の文法的意味として適切なものを、あとからそれぞれ一つ選び、記号で答えなさい。（同じ記号を何度使ってもかまいません。）

① 過去の失敗も、今だからこそ笑える。［　］
② 疲《つか》れたので、一時間ほど休憩《きゅうけい》した。［　］
③ ぼくは縄跳《なわと》びが得意だが、彼女は苦手だ。［　］
④ 体育より音楽や美術などのほうが好きだ。［　］
⑤ その問題だけは解くことができた。［　］
⑥ 歩くことさえままならない。［　］
⑦ だれかが私の名前をよんだ。［　］
⑧ 先生のみならず両親にさえしかられた。［　］
⑨ 今日は昨日ほど暑くない。［　］
⑩ 一万円だけあれば足りるだろう。［　］
⑪ 彼《かれ》はこちらを見ようとすらしない。［　］

ア 取り立て　イ 類推　ウ 強調
エ 限定　オ 程度　カ 例示
キ 添加《てんか》　ク 比較《ひかく》　ケ 不確実

ヒント
「類推」とは、ほかのことも同じだろうと推測すること。

ちょこっとインプット
Li-21

答えと解き方➡別冊13ページ

❷ 助詞について、あとの問いに答えなさい。

問1 次の——線部とはたらきが同じものを、あとからそれぞれ一つ選び、記号で答えなさい。

① 停電が起きて辺りが真っ暗になった。〔　　〕
ア 友達と海へ泳ぎに行った。
イ アニメのキャラクターに仮装する。
ウ それは何も言っていないに等しい。

② 音楽の好きな人とは気が合いそうだ。〔　　〕
ア 私は絵をかくのが苦手だ。
イ 彼の言うこともわからなくはない。
ウ 父親の弟を叔父《おじ》という。

③ 君とは考え方が合わない。〔　　〕
ア 校舎の様子は以前とあまり変わらない。
イ 放課後に先生と面談した。
ウ 急がば回れとよく言われる。

④ 恐怖《きょうふ》で体がふるえる。〔　　〕
ア インフルエンザで学校を休む。
イ 消しゴムで文字を消す。
ウ 五分で出発の支度《したく》をする。

⑤ 不注意からミスを犯《おか》した。〔　　〕
ア 今日から新学期が始まる。
イ ぶどうからワインを醸造《じょうぞう》する。
ウ 表情から真意を推《お》しはかる。

問2 次の——線部の副助詞の文法的意味として適切なものを、あとからそれぞれ一つ選び、記号で答えなさい。（同じ記号を何度使ってもかまいません。）

① 強風が吹《ふ》き、雷《かみなり》さえも鳴った。〔　　〕
② このことは親にだって話したことはない。〔　　〕
③ 明日は今日よりいい日になるだろう。〔　　〕
④ 放課後、カラオケにでも行こうよ。〔　　〕
⑤ 学校には四百人くらいの生徒がいる。〔　　〕
⑥ 煮《に》るなり焼くなり、好きにすればいい。〔　　〕
⑦ 家には自分しかいなかった。〔　　〕
⑧ コーヒー一杯《いっぱい》で三時間も店にいた。〔　　〕
⑨ 親友にすら言えない秘密もある。〔　　〕
⑩ 五分ばかり休憩した。〔　　〕
⑪ その日は家に一人きりだった。〔　　〕
⑫ スーパーで肉や魚などを買った。〔　　〕

ア 取り立て　イ 類推　ウ 強調　エ 限定
オ 程度　カ 例示　キ 添加　ク 並立

らくらく
マルつけ
La-21

OUTPUT! 22 助詞②

ちょこっとインプット Li-22

答えと解き方⬇別冊14ページ

❶ 助詞について、あとの問いに答えなさい。

問1 次の――線部の接続助詞のはたらきとして適切なものを、あとからそれぞれ一つ選び、記号で答えなさい。（同じ記号を何度使ってもかまいません。）

① 同じところを行ったり来たりする。 [　　]
② 日が昇《のぼ》れば、朝になる。 [　　]
③ 口にものを入れながら話す。 [　　]
④ もう十二月だけれど、あまり寒くない。 [　　]
⑤ 体調が悪いので、保健室に行きます。 [　　]
⑥ ぼんやりと窓の外を見つめている。 [　　]
⑦ あわてて食べると、のどにつまる。 [　　]
⑧ 泣いたところでどうにもならない。 [　　]
⑨ やれるものなら、やってみろ。 [　　]
⑩ 安売りしていたから購入《こうにゅう》した。 [　　]
⑪ 夏は暑いし、雨が多い。 [　　]
⑫ テレビを見つつ、食事をする。 [　　]
⑬ 一日中探したのに見つからない。 [　　]

ア 原因・理由　イ 逆接　ウ 条件
エ 同時　オ 並立《へいりつ》　カ 補助

問2 次の――線部の終助詞の文法的意味として適切なものを、あとからそれぞれ一つ選び、記号で答えなさい。（同じ記号を何度使ってもかまいません。）

① 次はきっと成功するぞ。 [　　]
② 今は何時かわかりますか。 [　　]
③ コンビニに寄っていかないかい？ [　　]
④ 花火がとてもきれいだね。 [　　]
⑤ ゴミをポイ捨てするな。 [　　]
⑥ もう十一時だよ。早く寝《ね》なさい。 [　　]
⑦ 彼《かれ》のことはよく知っているとも。 [　　]
⑧ 転んだくらいで泣かないの。 [　　]
⑨ 暗くなってきたし、帰ろうか。 [　　]
⑩ ぼくのことをよんだかい。 [　　]
⑪ とても立派なおうちだわ。 [　　]

ア 疑問　イ 感動　ウ 禁止　エ 強調
オ 勧誘《かんゆう》　カ 告知　キ 命令

ヒント
接続助詞は文節同士の関係を表す。「補助」の関係とは、あとの文節が前の文節に意味をそえる関係になっていること。

❷ 助詞について、あとの問いに答えなさい。

問1 次の――線部とはたらきが同じものを、あとからそれぞれ一つ選び、記号で答えなさい。

① 悪口を言ってうらみを買った。〔　〕
ア 転んでしまってひざをすりむいた。
イ 雪は白くて冷たい。
ウ 早起きしてジョギングをする。

② 一週間もたてば大体のことは忘れる。〔　〕
ア 予報によれば、明日は晴れるらしい。
イ 楽しみもあれば苦しみもある。
ウ そのボタンを押《お》せば電源が入る。

③ 家をたずねたが、彼は不在だった。〔　〕
ア 君にどう思われようが構わない。
イ 彼女《かのじょ》を見たが、元気がなさそうだった。
ウ 空腹だが、何も食べる気が起きない。

④ 昨日のことを考えつつ、授業を聞く。〔　〕
ア 地球温暖化が進行しつつある。
イ 解説を聞きつつ、絵画を鑑賞《かんしょう》する。
ウ 無礼と思いつつも、年齢《ねんれい》をたずねた。

⑤ 地味ながら勝利に大きく貢献《こうけん》した。〔　〕
ア ラジオを聞きながら車を運転する。
イ 真実を知っていながら、黙《だま》っていた。
ウ 核《かく》の廃絶《はいぜつ》を涙《なみだ》ながらに訴《うった》えた。

問2 次の――線部の終助詞の文法的意味として適切なものを、あとからそれぞれ一つ選び、記号で答えなさい。（同じ記号を何度使ってもかまいません。）

① このことはだれにも言うな。〔　〕
② 昨日の約束、よろしく頼《たの》むぜ。〔　〕
③ 放課後、先生に相談しに行こうよ。〔　〕
④ このくらいのこと、ぼくには朝飯前さ。〔　〕
⑤ 雨はどうして降るのか、わかるかい？〔　〕
⑥ あっちに行けや。〔　〕
⑦ 虹《にじ》はこんなにも美しいのか。〔　〕
⑧ 犬の気持ちなどわかるものか。〔　〕
⑨ 今日の夕飯は何かしら。〔　〕
⑩ 満月がきれいだな。〔　〕
⑪ 今日は学校が休みなの。〔　〕
⑫ 絶対に遅《おく》れずに来てね。〔　〕

ア 疑問　イ 反語　ウ 感動　エ 禁止
オ 断定　カ 勧誘　キ 命令　ク 念押《ねんお》し

らくらく
マルつけ
La-22

OUTPUT! 23 まとめのテスト④

／100点

答えと解き方⬇別冊14ページ

❶ 付属語について、あとの問いに答えなさい。〔56点〕

問1　次の【　】内の助動詞を適切に活用させなさい。変える必要がない場合は、〇を書きなさい。（3点×12）

① 部屋の中がサウナの【ようだ】蒸《む》し暑い。〔　　〕
② なぐさめのことばをかけ【られる】た。〔　　〕
③ 普通《ふつう》の人【だ】ば、そんなことはしない。〔　　〕
④ 目立ち【たがる】人の考えはよくわからない。〔　　〕
⑤ 家に帰ったらまず手を洗い【ます】う。〔　　〕
⑥ 何もせ【ぬ】、だらだらと過ごした。〔　　〕
⑦ 彼《かれ》は道がわからない【らしい】、困った様子だ。〔　　〕
⑧ 子どもは外で遊ば【せる】ほうがよい。〔　　〕
⑨ 私は貴族の家系の生まれ【だ】ある。〔　　〕
⑩ 決勝戦への出場を逃《のが》し、さぞ悔《くや》しいこと【だ】う。〔　　〕
⑪ 土下座して謝《あやま》っ【た】、許してあげなくもない。〔　　〕
⑫ そんなに急が【ない】ても大丈夫《だいじょうぶ》です。〔　　〕

問2　次のA～Cのうち、――線部の助詞の種類がほかと異なるものをそれぞれ一つ選び、記号で答えなさい。（4点×5）

① A 疲《つか》れたので甘《あま》いものが食べたい。
B 夕焼けが海を真っ赤に染める。
C 晴れているが気温は低い。
〔　　〕

② A 空を見上げると虹《にじ》がかかっていた。
B 急がないと電車に乗り遅《おく》れてしまう。
C 紙と筆記具を用意してください。
〔　　〕

③ A 部活に全力で取り組む。
B 自転車をこいで足が疲れた。
C うれしさで顔がほころびる。
〔　　〕

④ A だれかによばれたような気がした。
B 私のことばがわかりますか。
C 行くのか行かないのかはっきりしてくれ。
〔　　〕

⑤ A 失敗から学べることは多い。
B 遠くから鐘《かね》の音が聞こえる。
C 鍵《かぎ》をなくしたから家に入れない。
〔　　〕

❷ 付属語について、あとの問いに答えなさい。〔44点〕

問1 次のA～Dのうち、――線部の文法的意味がほかと異なるものをそれぞれ一つ選び、記号で答えなさい。（4点×5）

① A 彼女《かのじょ》は竹を割ったような性格だ。
B 彼のような働き者はめずらしい。
C 東京のような大都市は便利だ。
D 先生のように歌がうまくなりたい。
［　　］

② A 自分がまったく信じられない。
B 故郷がなつかしく感じられる。
C 私はどこでも寝《ね》られる。
D この辺りではきれいな紅葉が見られる。
［　　］

③ A 次の試験は難しくなるそうだ。
B ペットを飼うのは大変だそうだ。
C 柱が今にも倒《たお》れそうだ。
D 公園では桜が満開だそうだ。
［　　］

④ A 去年の夏も海外旅行に行った。
B 仕事が終わったら、すぐに帰ります。
C 日がすっかり沈《しず》んだ。
D 注文した荷物がたった今届いた。
［　　］

⑤ A 来年は新しいことに挑戦《ちょうせん》しよう。
B 今日は疲れたから早く寝よう。
C 美容院に髪《かみ》を切りに行こう。
D もう二十分したら彼も来よう。
［　　］

問2 次の――線部と文法的意味が同じものをふくむ文を、あとからそれぞれ一つ選び、記号で答えなさい。（6点×4）

① それは専門家でさえわからないことだ。
ア お金さえあれば何もいらない。
イ 彼は名前さえも教えてくれなかった。
ウ 転んで怪我《けが》をしたうえに、眼鏡さえ割れた。
［　　］

② 彼女は最近うつむいてばかりいる。
ア 休みの日はゲームばかりしている。
イ ここには去年引っ越《こ》してきたばかりだ。
ウ 割れんばかりの歓声《かんせい》が上がる。
［　　］

③ 東京までは三時間ほどかかる。
ア 話せば話すほど、彼のことが好きになった。
イ 宿題は半分ほど終わった。
ウ 君ほど頭の切れる人はいない。
［　　］

④ それはサルでも理解できる。
ア そんなことはだれでも知っている。
イ これからお茶でもしませんか。
ウ 冗談《じょうだん》でも言ってはいけないことがある。
［　　］

OUTPUT!

24 まぎらわしいことばの識別①

答えと解き方⬇別冊15ページ

ちょこっとインプット Li-24

❶ ことばの識別について、あとの問いに答えなさい。

問1 次の——線部の文法的説明として適切なものを、あとからそれぞれ一つ選び、記号で答えなさい。（同じ記号を何度使ってもかまいません。）

① その理論は話題になっているが正しくない部分がある。〔　　〕
② 彼女《かのじょ》は口数が少ないが、口を開けば説得力があることを言う。〔　　〕
③ 彼《かれ》はクラシック音楽を聴《き》かないけれどピアノは弾《ひ》ける。〔　　〕
④ その犬には名前がまだないので、いっしょに考えよう。〔　　〕
⑤ たいていのお化け屋敷《やしき》はこわくないがここだけは別だ。〔　　〕
⑥ 先生はあまり生徒をしからないでほしいものだ。〔　　〕
⑦ 地上に出てからのセミの命はあまりにはかない。〔　　〕

ア 助動詞　イ 形容詞　ウ 補助形容詞
エ 形容詞の一部

問2 次の——線部の文法的説明として適切なものを、あとからそれぞれ一つ選び、記号で答えなさい。（同じ記号を何度使ってもかまいません。）

① アメリカの首都はニューヨークでなくワシントンである。〔　　〕
② 今日は学校がある日ですが、寝坊《ねぼう》してしまいました。〔　　〕
③ ある日、朝一番にうれしいニュースが飛び込《こ》んできた。〔　　〕
④ 家に帰ると、いつもお風呂《ふろ》がわかしてある。〔　　〕
⑤ 彼女にはだれにも負けない弓道の才能がある。〔　　〕
⑥ 彼の言うことはある意味では正しいといえるだろう。〔　　〕

ア 動詞　イ 補助動詞　ウ 連体詞

ヒント
打ち消しの助動詞「ない」は「ぬ」に置き換《か》えられる。
補助動詞「ある」の前には「て」または「で」がある。

❷ ことばの識別について、あとの問いに答えなさい。

問1 次の――線部と文法的に同じものをふくむ文を、あとからそれぞれ一つ選び、記号で答えなさい。

① 転んでもただでは起きない。　〔　　〕
ア 今日は疲《つか》れ切ってトレーニングする気力がない。
イ 未来のことはだれにもわからないはずだ。
ウ 失敗続きではみっともないので練習しておこう。

② そのドラマはあまり面白《おもしろ》くない。　〔　　〕
ア あのとんでもないニュースはいまだに信じられない。
イ 切ない物語を読んで泣いてしまった。
ウ 最近はあまり運勢がよくない気がするので用心しよう。

③ 机の上に花びんが置いてある。　〔　　〕
ア 級友のノートには細かい文字がたくさん書いてある。
イ ある事件のことを調査しているので、話を聞きたい。
ウ それはよくある質問だから、すぐに答えられる。

④ 私は教養のある人間になりたい。　〔　　〕
ア 必要は発明の母であるといえる。
イ ある友人の何気ない一言が、彼の心を動かした。
ウ 彼女の勇気ある行動に多くの賞賛が集まった。

問2 次の――線部の文法的説明として適切なものを、あとからそれぞれ一つ選び、記号で答えなさい。（同じ記号を何度使ってもかまいません。）

① 左利《ひだりき》きの人はあまり多くない。　〔　　〕
② 友人から、ある深刻な悩《なや》みを相談されて、気が重くなった。　〔　　〕
③ そんなに高いものは買えないから、棚《たな》に戻《もど》してきなさい。　〔　　〕
④ 家族には帰りが遅《おそ》くなると伝えてあるから大丈夫《だいじょうぶ》です。　〔　　〕
⑤ その部屋には何もないが、一輪の花だけはあった。　〔　　〕
⑥ つたない字を書いてしまったので書き直そう。　〔　　〕
⑦ 彼の行動には深いわけがあるのかもしれない。　〔　　〕
⑧ このミカンはそこまで甘《あま》くないので、失敗したかもしれない。　〔　　〕

ア 助動詞　イ 形容詞　ウ 補助形容詞
エ 形容詞の一部　オ 動詞　カ 補助動詞
キ 連体詞

らくらくマルつけ
La-24

まぎらわしいことばの識別②

答えと解き方⬇別冊15ページ

ちょこっとインプット
Li-25

❶ ことばの識別について、あとの問いに答えなさい。

問1 次の――線部の品詞として適切なものを、あとからそれぞれ一つ選び、記号で答えなさい。（同じ記号を何度使ってもかまいません。）

① なくしたものを一晩中探したが見つからなかった。〔　〕
② カラスが鳴く声で、すっかり日が暮れていると気づいた。〔　〕
③ 紙飛行機を作った。が、それはうまく飛ばなかった。〔　〕
④ ぼくは書き味のよい新しい万年筆が欲《ほ》しいと思っている。〔　〕
⑤ 彼《かれ》も悪いが君にも改めるべき点が多いと思うよ。〔　〕
⑥ 彼女《かのじょ》が何ごともない状態でいてくれるといいのですが。〔　〕
⑦ 今日は朝早く起きることができた。が、またすぐ寝《ね》た。〔　〕

ア 格助詞　イ 接続助詞　ウ 終助詞　エ 接続詞

問2 次の――線部の文法的説明として適切なものを、あとからそれぞれ一つ選び、記号で答えなさい。（同じ記号を何度使ってもかまいません。）

① 来週の同窓会には音楽の田中先生も来るそうだ。〔　〕
② それはだれでもできることだが、大切なことだ。〔　〕
③ することがなくて暇《ひま》だからゲームをダウンロードした。〔　〕
④ 彼の不用意な発言が火に油を注いだといえるだろう。〔　〕
⑤ ぼくだってクラスの一員だから責任があるはずだ。〔　〕
⑥ 今の生活は幸福だから、優《やさ》しい気持ちになれる。〔　〕

ア 形容動詞の活用《かつよう》語尾《ごび》　イ 断定の助動詞
ウ 過去の助動詞　エ 助動詞の一部

ヒント
――線部の前の語に注目しよう。

❷ ことばの識別について、あとの問いに答えなさい。

問1 次の――線部と文法的に同じものをふくむ文を、あとからそれぞれ一つ選び、記号で答えなさい。

① ぼくのつくった詩がコンテストで入選した。 [　　]
ア 聞いてほしいことがあるのですが。
イ 彼女とは同じクラスだが話したことはない。
ウ どこまでも続きそうなイチョウの並木がきれいだ。

② 彼を注意したが、まるで効果がない。 [　　]
ア そこが君のいいところだ。
イ 試合に負けたが、不思議と悔《くや》しくない。
ウ 十時間寝た。が、まだ疲《つか》れはとれていない。

③ 緊張《きんちょう》のあまり足がすくんだ。 [　　]
ア このジグソーパズルは難解だ。
イ 二十五メートルを十五秒で泳いだ。
ウ 人間はどんなに我慢《がまん》しても食欲に勝てないものだ。

④ 彼の主張は根拠《こんきょ》が明白だ。 [　　]
ア 世界最大の生物といわれるシロナガスクジラは巨大《きょだい》だ。
イ ペガサスは架空《かくう》の動物だが、人々は具体的に想像した。
ウ この道は駅に続くようだが、標識がわかりにくい。

問2 次の――線部の文法的説明として適切なものを、あとからそれぞれ一つ選び、記号で答えなさい。

① 話題の映画を見たい。が、見に行く時間がない。 [　　]
② 恐竜《きょうりゅう》が鳥類の祖先だという新たな証拠《しょうこ》が発見された。 [　　]
③ そのくらいは常識だと思うがちがうのだろうか？ [　　]
④ その本は難しそうだが、読み通せるとはすごい。 [　　]
⑤ ぼくには君のうまいことばがまったく信用できない。 [　　]
⑥ 息子《むすこ》は病院で足のけがを検査することを拒《こば》んだ。 [　　]
⑦ 彼は無愛想だが、本当は優しい人だという評判だ。 [　　]
⑧ 彼らの思想は極端《きょくたん》だから、影響《えいきょう》されないようにしたほうがいい。 [　　]

ア 格助詞　イ 接続助詞
ウ 終助詞　エ 接続詞
オ 形容動詞の活用語尾
カ 断定の助動詞　キ 過去の助動詞
ク 助動詞の一部

OUTPUT!

26 まぎらわしいことばの識別 ③

❶ ことばの識別について、あとの問いに答えなさい。

問1　次の――線部の文法的説明として適切なものを、あとからそれぞれ一つ選び、記号で答えなさい。（同じ記号を何度使ってもかまいません。）

① 彼女《かのじょ》の主張ももっともであるが、私の意見とはちがう。〔　　〕

② 図書室で本を読んでいたら居眠《いねむ》りしてしまった。〔　　〕

③ 彼《かれ》には一家の長男であるという自負があるようだ。〔　　〕

④ 今にも雨が降り出しそうであるが、大丈夫《だいじょうぶ》だろうか。〔　　〕

⑤ 彼と土曜日に駅で待ち合わせることに決めた。〔　　〕

⑥ 晴れの日はさわやかで気持ちがよい。〔　　〕

⑦ 君のおかげで助かったよ。〔　　〕

ア　格助詞　　イ　接続助詞　　ウ　断定の助動詞

エ　助動詞の一部　　オ　形容動詞の活用語尾《かつようごび》

問2　次の――線部の文法的説明として適切なものを、あとからそれぞれ一つ選び、記号で答えなさい。（同じ記号を何度使ってもかまいません。）

① 仮に失敗したとしても、何度でもやり直せばよい。〔　　〕

② モデルのようにすらりとした体型になれたらいいなあ。〔　　〕

③ 宇宙は永遠に拡大し続けるが、人類にその実感はないだろう。〔　　〕

④ 春に花が咲《さ》くように、庭にパンジーを植えよう。〔　　〕

⑤ トイレの場所はすぐにわかったから大丈夫です。〔　　〕

⑥ あからさまに嫌《いや》そうな顔をしないでほしいものだ。〔　　〕

ア　格助詞　　イ　副詞の一部

ウ　助動詞の一部　　エ　形容動詞の活用語尾

ヒント

――線部の前の語に注目しよう。

ちょこっとインプット

Li-26

答えと解き方⬇別冊16ページ

❷ ことばの識別について、あとの問いに答えなさい。

問1 次の――線部と文法的に同じものをふくむ文を、あとからそれぞれ一つ選び、記号で答えなさい。

① 猫《ねこ》が木の上で昼寝《ひるね》をする。〔　　〕
ア それは日本で初めての試みだ。
イ ベランダで虫が死んでいた。
ウ 怪我《けが》がなかったのは幸いであった。

② 空海《くうかい》は真言宗《しんごんしゅう》の開祖である。〔　　〕
ア 彼女の目には涙《なみだ》が浮《う》かんでいた。
イ エジソンの発明は偉大《いだい》である。
ウ ぼくを迎《むか》えに来たのは祖母であった。

③ 彼はやにわに笑い出した。〔　　〕
ア 事件の様子を現に目撃《もくげき》した人がいる。
イ 教科書の内容を完全に理解した。
ウ 放課後にテニス部を見学した。

④ 母親は心配そうにぼくの顔を見た。〔　　〕
ア 長年の夢がついに実現した。
イ スズメがぼくの肩《かた》に乗った。
ウ 彼は何かを言いたそうにしていた。

問2 次の――線部の文法的説明として適切なものを、あとからそれぞれ一つ選び、記号で答えなさい。（同じ記号を何度使ってもかまいません。）

① まるで魚のようにすいすいと泳ぐさまが見事だ。〔　　〕
② 森の中で道に迷ってしまったが、地図が読めない。〔　　〕
③ 練習を重ねることで、さらに上達した。〔　　〕
④ 酔《よ》っ払《ばら》いたちが騒《さわ》いでいるが、気にすることはない。〔　　〕
⑤ あの野球の試合の逆転勝利は本当に痛快であった。〔　　〕
⑥ 友人と将来の夢について夜遅《よるおそ》くまで大いに語り合った。〔　　〕
⑦ ウィーンはオーストリアの首都で、長い歴史をもつ。〔　　〕
⑧ 私の父方の祖母は、手先が器用で、裁縫《さいほう》がうまい。〔　　〕

ア 格助詞　イ 接続助詞　ウ 副詞の一部
エ 助動詞　オ 助動詞の一部　カ 形容動詞の活用語尾

らくらくマルつけ
La-26

OUTPUT! 27

まぎらわしいことばの識別④

❶ ことばの識別について、あとの問いに答えなさい。

問1 次の――線部のはたらきとして適切なものを、あとからそれぞれ一つ選び、記号で答えなさい。（同じ記号を何度使ってもかまいません。）

① 母親のつくったお弁当はおいしいので、残さず食べた。［　］

② 靴《くつ》の紐《ひも》がほどけたので、立ち止まって結び直した。［　］

③ 魚も野菜も新鮮《しんせん》なのがいいから、市場に買いに行こう。［　］

④ 赤のボールペンのインクが切れたので、入れ替《か》えよう。［　］

⑤ 何のかんのと文句を言うなら、もうたよらないよ。［　］

⑥ 昨日は寝《ね》るのが遅《おそ》かったので、目の下にくまができてしまった。［　］

⑦ 川の流れるスピードが速くなったので、気をつけよう。［　］

ア 主格　イ 連体修飾格《れんたいしゅうしょくかく》　ウ 並立《へいりつ》　エ 体言の代用

問2 次の――線部の文法的説明として適切なものを、あとからそれぞれ一つ選び、記号で答えなさい。

① そこには歩きでも行けるが、バスの方が便利だ。［　］

② 彼女《かのじょ》は工学を学ぶ学生でありながら、アイドルでもある。［　］

③ どんなプロフェッショナルでも失敗することはある。［　］

④ この部屋に来月から住んでもいいでしょうか。［　］

⑤ かぜをひいた。でも、学校を休むことはできなかった。［　］

⑥ 彼《かれ》の名前をよんでも返事はなく、廊下《ろうか》は静まり返っていた。［　］

ア 格助詞＋副助詞　イ 助動詞＋副助詞　ウ 副助詞
エ 接続助詞＋副助詞　オ 接続助詞　カ 接続詞

ヒント
――線部の前の語に注目し、「でも」の「も」を抜《ぬ》いて意味が通るか考えてみよう。

ちょこっとインプット
Li-27

答えと解き方➡別冊16ページ

❷ ことばの識別について、あとの問いに答えなさい。

問1 次の――線部と文法的に同じものをふくむ文を、あとからそれぞれ一つ選び、記号で答えなさい。

① そこに居るのはだれですか。〔　　〕

ア 地震《じしん》の起きる日時を予測することは難しい。

イ 黒いのはぼくのランドセルです。

ウ 天才の頭の中が知りたい。

② 大人でも泣きたいときはある。〔　　〕

ア この薬はあの店でも売っている。

イ 彼に従うのは死んでも嫌《いや》だ。

ウ 彼女の発言はファンでも許せない。

③ この草はどこにでも生えている。〔　　〕

ア 何でもいいから飲み物が欲《ほ》しい。

イ ここは夏でも気温が三十度をこえない。

ウ 寿司《すし》でも食べに行きたい気分だ。

④ 宿題は終わったから遊びに行こう。〔　　〕

ア お風呂《ふろ》に入ってから寝《ね》よう。

イ ワインはぶどうからつくられる。

ウ 外は寒いから家に居たい。

⑤ 知らない人から話かけられた。〔　　〕

ア しし座流星群を見られた。

イ 先生に字がきれいなことをほめられた。

ウ 味がいつもより薄《うす》く感じられた。

⑥ 明日いとこが家に来るらしい。〔　　〕

ア デパートは改装工事中らしいので、行くのはやめよう。

イ むだにお金を使うのはばからしい。

ウ だれしも人間らしい生活を送る権利がある。

⑦ 深海についてはわからないことばかりだ。〔　　〕

ア 空港には今着いたばかりだから、様子はまだわからない。

イ 周囲に見えるのは田んぼばかりだ。

ウ グラスに半分ばかりの水が入っている。

⑧ よそ見をしたばかりに人とぶつかった。〔　　〕

ア ここぞとばかりに彼の失敗を責めた。

イ お皿にあふれんばかりの料理が盛られている。

ウ 私がミスをしたばかりにチームは敗北した。

らくらくマルつけ

La-27

OUTPUT! 28 まとめのテスト⑤

／100点

答えと解き方⬇別冊17ページ

❶ ことばの識別について、あとの問いに答えなさい ［50点］

問1 次のA～Cのうち、——線部の品詞や意味・用法が異なるものをそれぞれ一つ選び、記号で答えなさい。（①～④ 5点、⑤～⑨ 6点）

① A ある朝目覚めると、外では雪が降っていた。
B アリストテレスは古代ギリシアの哲学者《てつがくしゃ》である。
C 黒板には今日の日直の名前が書いてある。
［　　］

② A 食品売り場はデパートの地下にある。
B 冷蔵庫にしまってあったプリンを食べられた。
C 以前、この場所には駄菓子屋《だがしや》があったはずである。
［　　］

③ A ないものをしつこくねだっても無駄《むだ》だよ。
B 今日、彼女《かのじょ》は表情が暗く元気がない。
C 彼《かれ》は先生の話をまったく聞いていないのかもしれない。
［　　］

④ A 明日の試合には出ないつもりだ。
B 最低限の暖房《だんぼう》がなければ冬はこせないだろう。
C あどけない少年たちが公園で遊んでいる。
［　　］

⑤ A 朝は雨が降っていたが、昼には晴れた。
B 彼と待ち合わせをした。が、彼は来なかった。
C 相手は格上だったが、どうにか試合に勝った。
［　　］

⑥ A 銀行強盗《ごうとう》の犯人が現場から逃走《とうそう》した。
B 車の往来がとても激しい道路なので危険だ。
C ぼくはおいしいラーメンが食べたかったので情報を集めた。
［　　］

⑦ A 彼はスポーツが得意だが、勉強は苦手だ。
B 大きな音がしたが、一体何ごとなのか。
C コンビニに行ったが、何も買うものがなかった。
［　　］

⑧ A そのアイドルは若い世代からの人気が絶大だ。
B どんなしっかりした人でも多少のミスをするものだ。
C 試合に負けたと嘆《なげ》くよりもひたすら練習あるのみだ。
［　　］

⑨ A 固く結んだ着物の帯に、自慢《じまん》の帯留めを飾《かざ》った。
B 校長先生の話はいつも以上に退屈《たいくつ》だ。
C 少女の瞳《ひとみ》はその母親に似たようで、つぶらだ。
［　　］

❷ ことばの識別について、あとの問いに答えなさい。〔50点〕

問1 次の――線部と文法的に同じものをふくむ文を、あとからそれぞれ一つ選び、記号で答えなさい。（①〜④ 5点、⑤〜⑨ 6点）

① 家の屋根にツバメが巣を営んでいる。　〔　　〕

ア 空気は無色透明《むしょくとうめい》であるが、空にはさまざまな色がある。

イ 彼女は不安のあまり今にも泣き出しそうである。

ウ ダンボールが大量に積んであるので片づけよう。

② じきに夜が明けるだろう。　〔　　〕

ア 私はとうに覚悟《かくご》はできているが、君はどうだろうか。

イ 試験前日まで必死に勉強した。

ウ 水面に空が映し出される様はあまりにも美しい。

③ 人間というのは社会的な生き物だ。　〔　　〕

ア 北国の冬は厳しいが、慣れれば大丈夫《だいじょうぶ》だ。

イ 彼とは去年旅先で偶然《ぐうぜん》出会ったのを思い出した。

ウ 夜空の星がよく見える観光地に行って天体観測をしよう。

④ フランスにでも旅行に行きたい。　〔　　〕

ア この本は何度読んでもよくわからない。

イ 君とならペアを組んでもいいと考えている。

ウ 来年の六月にでもまた会えるとよいのだけれど。

⑤ 夜の道は暗いからこわい。　〔　　〕

ア ここから病院までは長い道のりなのでうんざりする。

イ 青い顔色から彼女の機嫌《きげん》が悪いことを察した。

ウ 音沙汰《おとさた》がないからずっと君のことを心配していたよ。

⑥ 彼は朝早く起きられない。　〔　　〕

ア のら犬に手をかまれたので病院に行こう。

イ この服はまだ着られるから、捨てないでほしい。

ウ 秋の涼《すず》しい風が吹《ふ》くとものさびしく感じられる。

⑦ 今日は春らしい陽気だ。　〔　　〕

ア 彼は来月転校するらしいので、送別の品物を贈《おく》ろう。

イ それはとても君らしいユニークな意見ですばらしい。

ウ 迷宮《めいきゅう》入りと言われた事件の犯人が逮捕《たいほ》されたらしい。

⑧ 試験が終わるまであと五分ばかりだ。　〔　　〕

ア 一週間ばかりの休みが欲《ほ》しいのだ。

イ 旅はまだ始まったばかりなのに先行きが不安である。

ウ うそをついたばかりに、彼の信用を失った。

⑨ 両親は妹を甘《あま》やかしてばかりいる。　〔　　〕

ア 彼は文句を言うばかりで、自分は何もしない。

イ 目を覆《おお》わんばかりのひどい有様だ。

ウ エアコンばかりかテレビまで壊《こわ》れてしまった。

らくらく
マルつけ
La-28

OUTPUT! 29 敬語①

❶ 敬語について、あとの問いに答えなさい。

問1 次の――線部が尊敬語として正しければ○を、まちがっていれば×を書きなさい。

① あちらが社長がおかけになられる席ですのでご案内します。［　　］
② お客様がお帰りになりますので、お見送りをしましょう。［　　］
③ 先生が社会問題についてご自身のご意見を述べられました。［　　］
④ 紙の新聞を日常的にお読みになりますか。［　　］
⑤ これから校長先生がお話になられますので、静粛《せいしゅく》に。［　　］
⑥ 明日の打ち上げには、社長は何時に参られますか。［　　］
⑦ 妹様がご結婚《けっこん》なさったそうで、おめでとうございます。［　　］
⑧ お荷物をお部屋までお持ちいたしましょうか。［　　］

問2 次の――線部を適切な尊敬語に直しなさい。

① お母さまもきっと喜ぶでしょう。［　　］
② こちらの件についてどう思いますか。［　　］
③ 鈴木様《すずきさま》とは会いましたか。［　　］
④ 今朝のニュースは見ましたか。［　　］
⑤ ご注文は何にしますか。［　　］
⑥ こちらには何時に来ますか。［　　］
⑦ 何を食べますか。［　　］

ヒント
尊敬語は基本的に「お［ご］～になる」「お［ご］～なさる」や「～（ら）れる」などの形をとる。

答えと解き方➡別冊17ページ

ちょこっとインプット
Li-29

❷ 敬語について、あとの問いに答えなさい。

問1　次のA〜Cのうち、——線部が尊敬語でないものを一つ選び、記号で答えなさい。

① A　田中様《たなかさま》がお待ちになっています。
　B　しばらくお待ちください。
　C　ご来場を心よりお待ちしております。

② A　気になります点はございますか。
　B　お料理はお気に召《め》しましたか。
　C　どうかお気になさらないでください。

③ A　佐藤様《さとうさま》がお越《こ》しになりました。
　B　こちらからお伺《うかが》いします。
　C　社長は静岡へおいでになります。

④ A　先生の作品を拝見しました。
　B　どのような映画をご覧になりますか。
　C　資料には目を通されましたか。

⑤ A　先生が祝賀会にいらっしゃった。
　B　先生がお祝いをくださった。
　C　先生からお祝いをいただいた。

問2　次の——線部を適切な尊敬語に直しなさい。

① 年賀状は書きましたか。

② 少子高齢化《こうれいか》についてどう考えますか。

③ お忘れ物をしませんようご注意ください。

④ 先生はすてきな着物を着ていますね。

⑤ 社長も会議に出席するそうです。

⑥ 会場には何時に行きますか。

⑦ 座《すわ》って少々お待ちください。

⑧ 社長はご自宅で寝《ね》ています。

⑨ あのお方は皇太子様の友人でいらっしゃいます。

⑩ 忙《いそが》しい中、お時間を作っていただきありがとうございます。

らくらく
マルつけ
La-29

OUTPUT! 30 敬語 ②

❶ 敬語について、あとの問いに答えなさい。

問1 次の――線部が謙譲語《けんじょうご》として正しければ○を、まちがっていれば×を書きなさい。

① ホテルの本館から露天風呂《ろてんぶろ》への行き方をご案内します。［　］

② お問い合わせの件について、のちほどこちらからご連絡《れんらく》します。［　］

③ 手が空きましたので、何かお手伝いしましょうか。［　］

④ 最初に配った資料の二ページ目をお読みになってください。［　］

⑤ 詳《くわ》しくご説明していただき、ありがとうございます。［　］

⑥ こちらのスペースは休憩所《きゅうけいじょ》としてはご利用になれません。［　］

⑦ これからもご指導のほどよろしくお願い申し上げます。［　］

⑧ メールでお送りいただいたご質問にご回答いたします。［　］

問2 次の――線部を適切な謙譲語に直しなさい。

① お荷物を預かります。［　］

② そちらにメールを送りました。［　］

③ 先生からお手紙をもらった。［　］

④ 会うことができて光栄です。［　］

⑤ 新商品を見せたいと思います。［　］

⑥ 八時にそちらへ行きます。［　］

⑦ 食べるのがもったいないほどのお料理です。［　］

ヒント
謙譲語は基本的に「お［ご］～する」「お［ご］～いたす」などの形をとる。

答えと解き方⬇別冊18ページ

ちょこっとインプット Li-30

❷ 敬語について、あとの問いに答えなさい。

問1 次のA～Cのうち、——線部が謙譲語でないものを一つ選び、記号で答えなさい。

① A 先生は毎日紅茶を好んで召《め》し上がる。
B 先生にお祝いとして贈《おく》りものを差し上げる。
C お世話になった先生にごあいさつを申し上げる。
［　］

② A かしこまりました。早速手配いたします。
B ご依頼《いらい》の件、承知いたしました。
C 会議は明日午後三時からですね。了解《りょうかい》しました。
［　］

③ A お聞きしたいことがございますが、よいでしょうか。
B ご不明な点は窓口でお尋《たず》ねください。
C ご意見を伺《うかが》ってもよろしいでしょうか。
［　］

④ A ぜひあなた様にご覧に入れたいものがございます。
B 何でも好きな番組をご覧になれます。
C お手紙を拝見しまして、感動の涙《なみだ》が出てしまいました。
［　］

⑤ A 日ごろからのご愛顧《あいこ》に厚く御礼《おんれい》申し上げます。
B 社長への面会を申し込《こ》みます。
C 担当の者に伺った内容を申し伝えておきます。
［　］

問2 次の——線部を適切な謙譲語に直しなさい。

① お借りした本を返します。［　］
② その仕事は私が処理します。［　］
③ また来月こちらに来ます。［　］
④ 私の意見を言います。［　］
⑤ 先生のご著書を読みました。［　］
⑥ 鈴木《すずき》様《さま》のことは知っております。［　］
⑦ ご検討《けんとう》いただければと思います。［　］
⑧ お名前を聞いてもよろしいですか。［　］
⑨ ぜひ先生の講演を聞きたいと存じます。［　］
⑩ 以上が私たちの考えでございます。［　］

らくらく
マルつけ
La-30

OUTPUT! 31 敬語③

❶ 敬語について、あとの問いに答えなさい。

問1 次の――線部が丁寧語《ていねいご》として正しければ○を、まちがっていれば×を書きなさい。

① 朝食は各自で、晩御飯《ばんごはん》は家族全員で食べます。［　］

② これまで説明した内容について何か質問はありますか。［　］

③ お手洗いは一階・三階・五階にございます。［　］

④ お正月はハワイに行こうと計画しているところです。［　］

⑤ みんなでこのお本を声に出して読みましょう。［　］

⑥ 明日から沖縄に参りますので、お土産《みやげ》を買ってきますね。［　］

⑦ 宿のお食事がとてもおいしゅうございます。［　］

⑧ 雨が降っていらっしゃいますので、足下《あしもと》にお気をつけください。［　］

問2 次の――線部を適切な丁寧語に直しなさい。

① これから散らかった部屋をきれいに掃除《そうじ》する。［　］

② これは干した柿《かき》だが、干す前と大分違《ちが》うでしょう。［　］

③ 今日は自分でつくった弁当を持ってきました。［　］

④ 彼女《かのじょ》の両親にあいさつするため、スーツを着ました。［　］

⑤ 近くに警察署があるので、そこに届け出るといいでしょう。［　］

⑥ メールに返事をするのが遅《おく》れてしまいました。［　］

⑦ 桜が咲《さ》き乱れる川辺で散歩をします。［　］

ヒント 丁寧語は基本的に「です」「ます」「ございます」の形をとり、名詞には「お」や「ご」をつける。

ちょこっとインプット Li-31

答えと解き方➡別冊18ページ

❷ 敬語について、あとの問いに答えなさい。

問1 次のA～Cのうち、――線部が丁寧語であるものを一つ選び、記号で答えなさい。

① A 先生はお帰りになった。
B パーティに招待していただく。
C 明日は学校で体育祭があります。
［　　］

② A 筆記用具をお借りする。
B お誕生日おめでとうございます。
C 社長はあちらにいらっしゃる。
［　　］

③ A 先生のお話を聞く。
B お礼の品を差し上げる。
C お米をたくさん食べる。
［　　］

④ A 社長にご足労いただく。
B そろそろご飯にしよう。
C 新年のごあいさつを申し上げます。
［　　］

⑤ A お財布《さいふ》から千円札を取り出す。
B よろしくお願い申し上げます。
C お体に気をつけてお過ごしください。
［　　］

問2 次の――線部を適切な丁寧語に直しなさい。

① このお店は七時に閉まる。［　　］

② 明日は日曜日だので、定休日です。［　　］

③ 明日は天気がよくないようです。［　　］

④ 酒は普段《ふだん》から召《め》し上がりますか。［　　］

⑤ これは日ごろ頑張《がんば》っている自分へのほうびだ。［　　］

⑥ 近くのスーパーで豆腐《とうふ》を買いました。［　　］

⑦ 在庫には限りがあるから、買うなら今がチャンスです。［　　］

⑧ 暑い中お越《こ》しいただきありがとうございます。［　　］

⑨ お手洗いで化粧《けしょう》を直したいわ。［　　］

⑩ 母親からこづかいをもらってホクホク顔になる。［　　］

らくらくマルつけ
La-31

OUTPUT! 32 まとめのテスト⑥

／100点

答えと解き方➡別冊19ページ

❶ 敬語について、あとの問いに答えなさい。［48点］

問1 次の――線部の敬語の種類として適切なものをそれぞれ一つ選び、記号で答えなさい。（同じ記号を何度使ってもかまいません。）（3点×7）

① お目にかけるほどのことではございません。［　］
② もうすぐ電車が来ますので、気をつけてください。［　］
③ 先生が本を朗読なさるから、静かにするように。［　］
④ ご連絡《れんらく》いただきましてありがとうございます。［　］
⑤ 今日のお昼には何を食べに行きましょうか。［　］
⑥ 少しばかりお耳に入れておきたいことがございます。［　］
⑦ こちらの方は社長のご息女でいらっしゃいます。［　］

ア 尊敬語　イ 謙譲語《けんじょうご》　ウ 丁寧語《ていねいご》

問2 次の――線部の敬語の使い方が正しければ○を、まちがっていれば×を書きなさい。（3点×9）

① かしこまりました。担当の者に申し伝えます。［　］
② 債券《さいけん》や株式の投資にご興味はおありですか。［　］
③ 一度でいいからピラミッドにお目にかかりたい。［　］
④ 夕方の六時ごろにご予約のお客様が来られます。［　］
⑤ ミュージカルは普段《ふだん》からご覧になられますか。［　］
⑥ 先生のご講演を拝聴《はいちょう》させていただきました。［　］
⑦ みなさま、しばらくの間ご歓談《かんだん》ください。［　］
⑧ 母には私からよく申し上げますのでご容赦《ようしゃ》ください。［　］
⑨ ご家族が亡《な》くなられたこと、お悲しいことと存じます。［　］

❷ 敬語について、あとの問いに答えなさい。〔52点〕

問1 次の――線部と同じ種類の敬語をふくむ文を、あとからそれぞれ一つ選び、記号で答えなさい。（3点×4）

① お洋服売り場はあちらにございます。〔　　〕
ア あの石板には古い文字が刻まれています。
イ 貴重な資料を拝借する。
ウ このことは神がお導きくださったにちがいない。

② 今日はこのあたりで失礼いたします。〔　　〕
ア 詳細《しょうさい》を伺《うかが》ってもよろしいでしょうか。
イ お先に召《め》し上がってください。
ウ 明日の最高気温は十八度となる予想です。

③ ますますのご活躍《かつやく》をお祈《いの》り申し上げます。〔　　〕
ア みなさまのご意見をお聞かせください。
イ ご不明な点はございますか。
ウ のちほど改めてお電話を差し上げます。

④ お手元の資料をご確認《かくにん》ください。〔　　〕
ア 私は週に三度スポーツジムを利用します。
イ 佐藤様《さとうさま》はこちらの商品をお買い求めになりました。
ウ こちらの案がよいのではないかと愚考《ぐこう》しております。

問2 次の――線部を適切な敬語に直しなさい。（4点×10）

① 先輩《せんぱい》から助言をもらう。〔　　〕

② 私は友人に都内を案内する。〔　　〕

③ 奥様《おくさま》は寝室《しんしつ》で寝《ね》ています。〔　　〕

④ つまらないものですが、受け取ってください。〔　　〕

⑤ 社長はタイ料理が気に入りました。〔　　〕

⑥ 先生のご高説を聞く。〔　　〕

⑦ そちらの事情については知っております。〔　　〕

⑧ 姉といっしょに飯を食べる。〔　　〕

⑨ 結婚《けっこん》おめでとうございます。〔　　〕

⑩ 会うのを楽しみにしております。〔　　〕

らくらく マルつけ
La-32

OUTPUT! 33 ことわざ①

❶ ことわざについて、あとの問いに答えなさい。

問1 次のことわざの意味を、あとからそれぞれ一つ選び、記号で答えなさい。また、【似た意味のことわざ】の□に合う漢字を書きなさい。

① 猿《さる》も木から落ちる　［　　］

ア 優《すぐ》れた人も失敗することがある。
イ 得意なことほど大きく失敗しがちである。
ウ 努力しなければ何もできるようにならない。
エ 住んでいる場所で得意なことは決まる。

【似た意味のことわざ】弘法《こうぼう》にも□の誤り　河童《かっぱ》の□流れ

② 猫《ねこ》に小判　［　　］

ア 人は他人に価値があると思われるものを欲《ほ》しがるものだ。
イ 人は自分にとって価値があるものがわからないものだ。
ウ 価値のあるものを価値のわからない人にあたえても無駄《むだ》だ。
エ 自分にとって価値のあるものを見つけることは難しい。

【似た意味のことわざ】□に真珠《しんじゅ》・□に論語

③ 石の上にも三年　［　　］

ア 何ごとも簡単にはいかないものである。
イ 気の持ちようでどんな困難も乗りこえられるものである。
ウ 根気よく努力しても、必ず報《むく》われるとは限らない。
エ 何ごとも継続《けいぞく》すれば成功するものである。

【似た意味のことわざ】塵《ちり》も積もれば□となる・雨だれ□をうがつ

問2 次のことわざの反対の意味のことわざを、あとからそれぞれ一つ選び、記号で答えなさい。

① 濡《ぬ》れ手で粟《あわ》　［　　］
② 身から出た錆《さび》　［　　］
③ 青菜に塩　［　　］
④ 溺《おぼ》れる者は藁《わら》をもつかむ　［　　］

ア 鷹《たか》は飢《う》えても穂《ほ》を摘《つ》まず
イ 蛙《かえる》の面《つら》に水
ウ 絵にかいた餅《もち》
エ 悪銭身につかず
オ 情けは人のためならず
カ 骨折り損のくたびれもうけ

ヒント ことわざの語が何をたとえているのか考えてみよう。

答えと解き方⬇別冊20ページ

ちょこっとインプット
Li-33

❷ ことわざについて、あとの問いに答えなさい。

問1 次のことわざの意味を、あとからそれぞれ一つ選び、記号で答えなさい。また、【似た意味のことわざ】の□に合う漢字を書きなさい。

① 餅《もち》は餅屋 〔　　〕

ア どんなことにも解決策はあるものである。
イ 危険を防ぐには先人に学ぶとよい。
ウ 普段《ふだん》信用できない者がたよりになることもある。
エ ものごとは専門家にたずねるのがよい。

【似た意味のことわざ】蛇《じゃ》の道は□

② ちょうちんに釣鐘《つりがね》 〔　　〕

ア 性質がちがうもの。　イ つりあわないもの。
ウ 同じ素材のもの。　エ まぎらわしいもの。

【似た意味のことわざ】□とすっぽん

③ 御山《おやま》の大将 〔　　〕

ア うぬぼれていること。
イ その道の大家《たいか》のこと。
ウ 世間を知らず見識が狭《せま》いこと。
エ 図々しく世渡《よわた》りすること。

【似た意味のことわざ】□の中の蛙《かわず》

問2 次のことわざの反対の意味のことわざを、あとからそれぞれ一つ選び、記号で答えなさい。

① 君子は危《あや》うきに近寄らず 〔　　〕
② 氏《うじ》より育ち 〔　　〕
③ 瓜《うり》の蔓《つる》に茄子《なすび》はならぬ 〔　　〕
④ 鉄は熱いうちに打て 〔　　〕

ア 虎穴《こけつ》に入らずんば虎子《こじ》を得ず　イ 鳶《とび》が鷹《たか》を生む
ウ 風が吹《ふ》けば桶屋《おけや》がもうかる　エ 二階から目薬
オ 血は水よりも濃し　カ 果報は寝《ね》て待て

問3 次のことわざの〔　〕に合うことばを書きなさい。

① 〔　　〕をたたいて渡《わた》る
② 帯に短し〔　　〕に長し
③ 〔　　〕で鯛《たい》を釣《つ》る
④ 良薬は口に〔　　〕
⑤ 案ずるより〔　　〕が易《やす》し
⑥ 下手の考え〔　　〕に似たり

らくらく
マルつけ
La-33

OUTPUT! 34 ことわざ②

❶ ことわざについて、あとの問いに答えなさい。

問1 次のことわざの意味を、あとからそれぞれ一つ選び、記号で答えなさい。また、【似た意味のことわざ】の□に合う漢字を書きなさい。

① 鬼《おに》に金棒　［　　］

ア　圧倒的《あっとうてき》な力の前にはなすすべがないこと。
イ　もともと強いものがさらに強くなること。
ウ　どんな人にでも弱点はあるということ。
エ　攻撃《こうげき》をしてもまるで手ごたえがないこと。

【似た意味のことわざ】虎《とら》に□

② 腐《くさ》っても鯛《たい》　［　　］

ア　よいものでも、古びると価値を失うこと。
イ　古びたもののよさを見極《みきわ》めることが大切だということ。
ウ　悪くなったものでも、やり方次第《しだい》で価値を持つこと。
エ　よいものは、悪くなってもそれなりの価値を持つこと。

【似た意味のことわざ】□れても小袖《こそで》

③ 庇《ひさし》を貸して母屋《おもや》を取られる　［　　］

ア　日ごろ目をかけていた者に、思いがけず裏切られること。
イ　ひいきをしていると、裏切りを招くということ。
ウ　日ごろの恨《うら》みから、思いがけず裏切られるということ。
エ　目をかけていた者に裏切られるのはよくあるということ。

【似た意味のことわざ】飼い□に手を噛《か》まれる

問2 次のことわざの反対の意味のことわざを、あとからそれぞれ一つ選び、記号で答えなさい。

① 山椒《さんしょう》は小粒《こつぶ》でもぴりりと辛《から》い　［　　］
② 坊主《ぼうず》憎《にく》けりゃ袈裟《けさ》まで憎い　［　　］
③ 二度あることは三度ある　［　　］
④ 大は小を兼ねる　［　　］

ア　住めば都　　イ　朱《しゅ》に交われば赤くなる
ウ　三度目の正直　　エ　あばたもえくぼ
オ　うどの大木　　カ　畳針《たたみばり》で着物は縫《ぬ》えぬ

ヒント
ことわざの中の体言が何のたとえなのか考えてみよう。

ちょこっとインプット
Li-34

答えと解き方⬇別冊20ページ

❷ ことわざについて、あとの問いに答えなさい。

問1 次のことわざの意味を、あとからそれぞれ一つ選び、記号で答えなさい。また、【似た意味のことわざ】の□に合う漢字を書きなさい。

① 釈迦《しゃか》に説法　［　　］

ア　すでによく知っている者に教えること。
イ　どんなことも基礎《きそ》から学ぶべきだということ。
ウ　優《すぐ》れた人は進んで人に教えを受けるということ。
エ　何ごとも優れた師を選んで教えを受けるべきだということ。

【似た意味のことわざ】河童《かっぱ》に□練・孔子《こうし》に□語

② 一難去ってまた一難　［　　］

ア　不幸な状況《じょうきょう》を強引《ごういん》に解決すること。
イ　突然《とつぜん》のことに呆然《ぼうぜん》とすること。
ウ　不幸な状況にさらに不幸が重なること。
エ　涙《なみだ》を流すほどひどい苦痛のこと。

【似た意味のことわざ】□り目に祟《たた》り目・泣き□に蜂《はち》

③ 豆腐《とうふ》にかすがい　［　　］

ア　時代遅《おく》れであること。　イ　斬新《ざんしん》であること。
ウ　こわれやすいこと。　エ　手ごたえがないこと。

【似た意味のことわざ】ぬかに□・のれんに□押《お》し

問2 次のことわざの反対の意味のことわざを、あとからそれぞれ一つ選び、記号で答えなさい。

① あとは野となれ山となれ　［　　］
② まかぬ種は生えぬ　［　　］
③ 弱い犬ほどよく吠《ほ》える　［　　］
④ 好きこそものの上手なれ　［　　］

ア　旅の恥《はじ》は掻《か》き捨て　イ　立つ鳥跡《あと》を濁《にご》さず
ウ　能ある鷹《たか》は爪を隠《かく》す　エ　たなからぼたもち
オ　下手の横好き　カ　亀《かめ》の甲《こう》より年の功

問3 次のことわざの［　］に合うことばを書きなさい。

① ［　　］先は闇《やみ》
② 雨［　　］地固まる
③ 犬も［　　］棒に当たる
④ 張子《はりこ》の［　　］
⑤ 怠《なま》け者の［　　］働き
⑥ 花は［　　］人は武士

らくらくマルつけ
La-34

OUTPUT 35

ことわざ③

ちょこっとインプット
Li-35

答えと解き方➡別冊20ページ

❶ ことわざについて、あとの問いに答えなさい。

問1 次のことわざの意味を、あとからそれぞれ一つ選び、記号で答えなさい。また、【似た意味のことわざ】の□に合う漢字を書きなさい。

① 雀《すずめ》百まで踊《おど》り忘れず　［　　］

ア 努力して身につけたことは忘れにくいこと。
イ 幼いころの習慣は年をとっても改めにくいこと。
ウ 年をとっても気力があればうまくいくということ。
エ 年老いても一芸があれば尊敬されるということ。

【似た意味のことわざ】三つ子の□百まで

② 紺屋《こうや》の白袴《しろばかま》　［　　］

ア やましいところがなく堂々としていること。
イ 専門家ほど、単純で素朴《そぼく》なものを好むということ。
ウ 他人のことに忙《いそが》しく、自分を構うひまのないこと。
エ 仕事で思いどおりに腕《うで》をふるうこと。

【似た意味のことわざ】□□の不養生

③ 先んずれば人を制す　［　　］

ア 先を急がないほうが有利な立場に立てるということ。
イ 先人にたよれば人よりも勝《まさ》ることができるということ。
ウ 先回りした行動は、人に負担をかけるということ。
エ 先に物事を進めれば有利になるということ。

【似た意味のことわざ】□は急げ

問2 次のことわざの反対の意味のことわざを、あとからそれぞれ一つ選び、記号で答えなさい。

① 嘘《うそ》つきは泥棒《どろぼう》の始まり　［　　］
② 船頭《せんどう》多くして船山に登る　［　　］
③ 泥棒を捕《と》らえて縄をなう　［　　］
④ 好きこそものの上手なれ　［　　］

ア 三人寄れば文殊《もんじゅ》の知恵《ちえ》
イ 嘘も方便
ウ 転ばぬ先の杖《つえ》
エ 蛙《かえる》の子は蛙
オ 下手の横好き
カ 名は体を表す

ヒント 似た意味のことわざは、修飾《しゅうしょく》の関係も似ていることが多い。

❷ ことわざについて、あとの問いに答えなさい。

問1 次のことわざの意味を、あとからそれぞれ一つ選び、記号で答えなさい。また、【似た意味のことわざ】の□に合う漢字を書きなさい。

① 二兎《にと》を追うものは一兎をも得ず　〔　　〕

ア 目先のことを追いかけているとすべてを失うということ。
イ 臆病者《おくびょうもの》を説得しようとしても無駄《むだ》に終わるということ。
ウ 高い目標を定めなければ何も得られないということ。
エ 欲張って二つのものを得ようとして何も得られないこと。

【似た意味のことわざ】虻《あぶ》□取らず

② 寝耳《ねみみ》に水　〔　　〕

ア あてにならないこと。　イ 不意の幸運に備えること。
ウ 不意のできごとに驚《おどろ》くこと。　エ のんびり幸運を待つこと。

【似た意味のことわざ】□天の霹靂《へきれき》

③ 転ばぬ先の杖　〔　　〕

ア 失敗をさけるために前もって備えること。
イ 健康のために慎重《しんちょう》に行動すること。
ウ 心配のあまり無駄な備えをすること。
エ 災《わざわ》いをさけるために専門家にたよること。

【似た意味のことわざ】降らぬ先の□

問2 次のことわざの反対の意味のことわざを、あとからそれぞれ一つ選び、記号で答えなさい。

① 武士は食わねど高《たか》ようじ　〔　　〕
② 大器は晩成す　〔　　〕
③ 渡《わた》る世間に鬼《おに》はなし　〔　　〕
④ 先んずれば人を制す　〔　　〕

ア 急《せ》いてはことを仕損じる　イ 腹が減っては戦《いくさ》ができぬ
ウ 人を見たら泥棒と思え　エ 憎《にく》まれっ子世にはばかる
オ 割れ鍋《なべ》にとじぶた　カ 栴檀《せんだん》は双葉《ふたば》より芳《かんば》し

問3 次のことわざの〔　〕に合うことばを書きなさい。

① 急がば〔　　〕
② 〔　　〕の顔も三度
③ 待てば〔　　〕の日和《ひより》あり
④ 逃《に》がした〔　　〕は大きい
⑤ 〔　　〕の下のどじょう
⑥ 〔　　〕に小判

らくらくマルつけ
La-35

OUTPUT! 36

故事成語①

ちょこっとインプット
Li-36

答えと解き方⬇別冊21ページ

❶ 故事成語について、あとの問いに答えなさい。

問1 次の故事成語の意味を、あとからそれぞれ一つ選び、記号で答えなさい。

① 虎《とら》の威《い》を借《か》る狐《きつね》 [　　]

ア 根回しをして目的を達成すること。
イ 力よりも知恵《ちえ》が重要であるということ。
ウ 他人の権勢をかさに着ていばること。
エ 自分の実力を隠《かく》そうとする者のこと。

② 朝三暮四《ちょうさんぼし》 [　　]

ア 方針をひんぱんに変えること。
イ うまいことばや方法でごまかしてだまそうとすること。
ウ 交渉《こうしょう》において、ささいな点にこだわること。
エ 細部にとらわれずに大局をとらえること。

③ 背水の陣《じん》 [　　]

ア 型破りな方法で成功を収めること。
イ 天才は同時代からは理解されがたいということ。
ウ 心のゆとりがなければ失敗を招くということ。
エ 退路がない状況《じょうきょう》で必死に事にあたること。

問2 次の故事成語について、□に合う漢字や[　]に合うことばを書きなさい。

① 孟母《もうぼ》□遷《せん》
意味 子育ての環境《かんきょう》のために努力をおしまないこと。

② □□止水
意味 邪念《じゃねん》がなく、心が澄《す》み渡《わた》っていること。

③ 羹《あつもの》に懲《こ》りて膾《なます》を[　　]
意味 失敗に懲りて必要以上に用心をすること。

④ 烏合《うごう》の□
意味 規律がなく統率《とうそつ》されていない集まりのこと。

⑤ □□の石
意味 他人のよくないことばや行いを反面教師にすること。

⑥ 顰《ひそみ》に[　　]
意味 よし悪《あ》しを考えずに人のまねをすること。

ヒント 故事成語の意味からどんなことばが入るか推測してみよう。

❷ 故事成語について、あとの問いに答えなさい。

問1 次の故事成語の意味を、あとからそれぞれ一つ選び、記号で答えなさい。

① 漁夫の利　[　　]

ア　二者の争いにつけこんで第三者が利益を得ること。
イ　二者の争いを第三者が仲裁《ちゅうさい》することで解決すること。
ウ　二者の争いが第三者の介入《かいにゅう》により激化すること。
エ　第三者との争いに備えて二者が協力すること。

② 逆鱗《げきりん》　[　　]

ア　孤独《こどく》な者の悲しみ。　イ　多くの人々の悲しみ。
ウ　立場が上の人の怒《いか》り。　エ　立場が低い人の怒り。

③ 推敲《すいこう》　[　　]

ア　詩や文章を批評すること。
イ　詩や文章を練り直すこと。
ウ　詩や文章に趣《おもむき》を感じること。
エ　詩や文章で名声を得ること。

問2 次の故事成語について、□に合う漢字や[　]に合うことばを書きなさい。

① □狗肉《くにく》
意味　見かけに実質がともなわないこと。

② □亡羊《ぼうよう》
意味　多すぎる道の中からどれを選ぶべきか迷うこと。

③ 鶏口《けいこう》□
意味　大きい集団につき従うよりも、小さい集団の長になるほうがよいということ。

④ 竜頭《りゅうとう》□
意味　出だしがすばらしいのに終わりがつまらないこと。

⑤ □の勢い
意味　止められないほど激しい勢いのこと。

⑥ 塞翁《さいおう》が□
意味　人の幸不幸は予測しがたいということ。

⑦ 髀肉《ひにく》の□
意味　力を発揮できる機会のないことを悲しむこと。

⑧ 邯鄲《かんたん》の□
意味　人間の栄枯盛衰《えいこせいすい》ははかないものであること。

⑨ 燕雀安《えんじゃくいず》んぞ鴻鵠《こうこく》の志を[　　]
意味　小人物には大人物の理想や考えを理解することができないものだということ。

らくらく
マルつけ
La-36

OUTPUT! 37 故事成語②

❶ 故事成語について、あとの問いに答えなさい。

問1 次の故事成語の意味を、あとからそれぞれ一つ選び、記号で答えなさい。

① 白眉《はくび》 [　　]

ア 注意深く見極《みきわ》めて選ばれたもの。
イ 権威《けんい》のお墨付《すみつ》きを得ているもの。
ウ 同類の中で抜《ぬ》きんでて優《すぐ》れているもの。
エ 同類の中に埋没《まいぼつ》して目立たないもの。

② 圧巻 [　　]

ア 圧倒《あっとう》されるほどの量の書物。
イ 書物の中で最も優れている部分。
ウ 最もたよりとしている書物。
エ 書物の中で疑義がある部分。

③ 杜撰《ずさん》 [　　]

ア なげやりですさんでいること。
イ 多くの人々から非難されていること。
ウ みすぼらしくてみじめであること。
エ いい加減で不確かであること。

問2 次の故事成語について、□に合う漢字や[　]に合うことばを書きなさい。

答えと解き方⬇別冊21ページ

ちょこっとインプット Li-37

① □□望
意味 釣《つ》りをする人。

② □□楚歌《そか》
意味 反対者に囲まれた状態のこと。

③ □□□百歩
意味 大差がないこと。

④ □□知新
意味 過去のことがらから新しい知見を得ること。

⑤ 一将功成りて万骨《ばんこつ》[　　]
意味 一人の成功の陰《かげ》に多くの人の努力や犠牲《ぎせい》があること。

⑥ □株《しゅ》
意味 古い習慣にこだわり、融通《ゆうずう》が利《き》かないこと。

ヒント
故事成語は、その由来から意味を導くことができる。

❷ 故事成語について、あとの問いに答えなさい。

問1 次の故事成語の意味を、あとからそれぞれ一つ選び、記号で答えなさい。

① 助長　［　　］

ア 助けを借りること。　イ 助けなしに物事を進めること。

ウ 悪い傾向《けいこう》を強めること。　エ 物事の成長を邪魔《じゃま》すること。

② 捲土《けんど》重《ちょう》《じゅう》来《らい》　［　　］

ア 待ちに待った機会に乗じて勢いを増すこと。

イ かつて失敗した者が勢いよく盛り返すこと。

ウ 失敗に失敗を重ねた挙句《あげく》逃げること。

エ 失敗を埋《う》め合わせようと画策すること。

③ 白眼視《はくがんし》　［　　］

ア 人の真意を見抜《みぬ》くこと。　イ 心の中を表に出さないこと。

ウ 丁重《ていちょう》にもてなすこと。　エ 人を冷たくあつかうこと。

問2 次の故事成語について、□に合う漢字や［　］に合うことばを書きなさい。

① □□霧中《むちゅう》

意味 物事の手がかりがなく、見通しが立たないこと。

② 隗《かい》より［　　］

意味 物事は卑近《ひきん》なことから始めるべきだということ。

③ □□の功

意味 苦労を重ねて学問に励《はげ》み、修めること。

④ □に漱《くちすす》ぎ［　　］に枕《まくら》す

意味 負け惜《お》しみが強く、屁理屈《へりくつ》を言うこと。

⑤ 出藍《しゅつらん》の［　　］

意味 弟子《でし》が学んだ師匠《ししょう》よりも優れること。

⑥ □に縁《よ》りて魚《うお》を求む

意味 方法がまちがっていて目的を達成できないこと。

⑦ 水□の交わり

意味 非常に親しく、仲のよい間柄《あいだがら》のこと。

⑧ ［　　］点睛《てんせい》を欠く

意味 最も大切な仕上げができていないこと。

⑨ 臥薪嘗《がしんしょう》□

意味 目的のために苦労や苦心を重ねること。

⑩ 杞《き》□

意味 無駄《むだ》なことをあれこれと心配すること。

⑪ 蛇《だ》□

意味 あっても役に立たない余計なもののこと。

らくらくマルつけ

La-37

OUTPUT! 38 まとめのテスト⑦

／100点

答えと解き方➡別冊21ページ

❶ ことわざについて、あとの問いに答えなさい。［45点］

問1 次のことわざの意味を、あとからそれぞれ一つ選び、記号で答えなさい。（3点×8）

① 猿《さる》も木から落ちる［　　］
② 猫《ねこ》に小判［　　］
③ 石の上にも三年［　　］
④ 蛇《じゃ》の道は蛇《へび》［　　］
⑤ 月とすっぽん［　　］
⑥ 井の中の蛙《かわず》［　　］
⑦ 鬼《おに》に金棒［　　］
⑧ 腐《くさ》っても鯛《たい》［　　］

ア よいものは、悪くなってもそれなりの価値を持つこと。
イ まるでちがうもの。
ウ 世間を知らず見識が狭《せま》いこと。
エ ものごとは専門家にたずねるのがよい。
オ 何ごとも継続《けいぞく》すれば成功するものである。
カ 価値あるものを価値のわからない人にあたえても無駄《むだ》だ。
キ もともと強いものがさらに強くなること。
ク 優《すぐ》れた人も失敗することがある。

問2 次のことわざについて、［　　］にあてはまることばをそれぞれ答えなさい。（3点×2）

① ［　　］に手を噛《か》まれる
意味 日ごろ目をかけていた者に、思いがけず裏切られること。［　　］

② ［　　］に入らずんば虎子《こじ》を得ず
意味 危険を冒《おか》さなければ価値あるものは得られないこと。［　　］

問3 次のことわざの反対の意味のことわざを、あとからそれぞれ一つ選び、記号で答えなさい。（3点×5）

① 濡《ぬ》れ手で粟《あわ》［　　］
② 身から出た錆《さび》［　　］
③ あばたもえくぼ［　　］
④ 氏《うじ》より育ち［　　］
⑤ あとは野となれ山となれ［　　］

ア 立つ鳥跡《あと》を濁《にご》さず
イ 情けは人のためならず
ウ 坊主《ぼうず》憎《にく》けりゃ袈裟《けさ》まで憎い
エ 骨折り損のくたびれもうけ
オ 血は水よりも濃《こ》し

❷ 故事成語について、あとの問いに答えなさい。〔55点〕

問1 次の故事成語の□に合う漢数字を書きなさい。(3点×5)

① 孟母《もうぼ》□遷《せん》
② □面楚歌《めんそか》
③ 五十歩□歩
④ □里霧中《りむちゅう》
⑤ 朝三暮《ちょうさんぼ》□

問2 次の故事成語の意味を、あとからそれぞれ一つ選び、記号で答えなさい。(4点×6)

① 木に縁《よ》りて魚《うお》を求む 〔　〕
② 温故知新 〔　〕
③ 石に漱《くちすす》ぎ流れに枕《まくら》す 〔　〕
④ 蛍雪《けいせつ》の功 〔　〕
⑤ 呉越同舟《ごえつどうしゅう》 〔　〕
⑥ 鶏口牛後《けいこうぎゅうご》 〔　〕

ア 苦労して学問を修めること。
イ 負け惜《お》しみで屁理屈《へりくつ》を言うこと。
ウ 過去のことがらから新しい知見を得ること。
エ 仲が悪い者どうしが同じ場所にいること。
オ 方法がまちがっていて目的を達成できないこと。
カ 大きい集団につき従うよりも、小さい集団の長になるほうがよいということ。

問3 次の故事成語の由来を、あとからそれぞれ一つ選び、記号で答えなさい。(4点×4)

① 覆水盆《ふくすいぼん》に返らず 〔　〕
② 多岐亡羊《たきぼうよう》 〔　〕
③ 出藍《しゅつらん》の誉《ほま》れ 〔　〕
④ 竜頭蛇尾《りゅうとうだび》 〔　〕

ア 荀子《じゅんし》は著書の中で、「学問に終わりはなく、怠《おこた》ってはならない。藍《あい》の葉から引き出される青色は、もとの藍の葉よりもいっそう青くなる」と述べ、学問の教えを受けた弟子《でし》が師よりも優れることをたとえた。
イ 宋《そう》の国の陳尊者《ちんそんじゃ》という僧《そう》が、旅の僧侶《そうりょ》に問答をしかけたところ、旅の僧は「喝《かつ》!」という叱咤《しった》のことばを即座《そくざ》に返してきた。陳尊者は、旅の僧が(悟《さと》りを開いている)竜のように立派な僧かと一度は思ったが、思い直し、頭が竜で尾《お》が蛇《へび》のような者だろうと見抜《みぬ》いた。そして、「喝のあとはどのように問答を収めるつもりか」と聞くと、旅の僧は黙《だま》ってしまった。
ウ 逃《に》げた羊を大勢で追いかけたところ、枝道が多くて見失ってしまったように、学問の道は多方面にわたっており真理をつかみにくい。
エ 周《しゅう》の国の軍師・呂尚《りょしょう》が出世する前に家を出ていった元妻に復縁《ふくえん》を求められた。呂尚は、盆から水をこぼして、「この水を元に戻《もど》せるか」と問い、水が元には戻せないように、復縁することはありえないと示した。

らくらくマルつけ
La-38

OUTPUT! 39

慣用表現①

❶ 慣用表現について、あとの問いに答えなさい。

問1 次の慣用表現の意味を、あとからそれぞれ一つ選び、記号で答えなさい。

① 頭を抱《かか》える 〔　　〕
② 顔から火が出る 〔　　〕
③ 顔向けできない 〔　　〕
④ 顔に泥《どろ》を塗《ぬ》る 〔　　〕
⑤ 耳が痛い 〔　　〕
⑥ 耳にたこができる 〔　　〕
⑦ 耳を貸す 〔　　〕
⑧ 歯が立たない 〔　　〕

ア 恥《は》ずかしさのあまり顔を合わせられない。
イ 深く恥じ入り赤面する。
ウ 同じことを聞かされすぎてうんざりする。
エ 人に恥《はじ》をかかせて面目《めんぼく》を失わせる。
オ 物事が困難でどうしようもない。
カ 聞くことが辛《つら》い。
キ 人の話に耳を傾《かたむ》ける。
ク 考え込《こ》む。

問2 次の意味の慣用表現を、あとからそれぞれ一つ選び、記号で答えなさい。

① 見極《みきわ》める目が優《すぐ》れている。 〔　　〕
② 厳しく叱《しか》られる。 〔　　〕
③ 怒《いか》りを表す。 〔　　〕
④ 見るに忍《しの》びない。 〔　　〕
⑤ よいものを見てものの価値を知っている。 〔　　〕
⑥ 聡明《そうめい》である。 〔　　〕
⑦ 見過ごせないほどひどい。 〔　　〕
⑧ おどろきで目を見張る。 〔　　〕

ア 目が高い
イ 目に余る
ウ 目も当てられない
エ 目を丸くする
オ 目から鼻へ抜《ぬ》ける
カ 目が肥える
キ 目を三角にする
ク 大目玉を食う

ヒント
慣用表現のことばを具体的にイメージして、意味を考えてみよう。

ちょこっと インプット
Li-39

答えと解き方⬇別冊22ページ

❷ 慣用表現について、あとの問いに答えなさい。

問1 次の慣用表現の意味を、あとからそれぞれ一つ選び、記号で答えなさい。

① 鼻にかける 〔　　〕
② 鼻持ちならない 〔　　〕
③ 鼻であしらう 〔　　〕
④ 口が軽い 〔　　〕
⑤ 口が堅《かた》い 〔　　〕
⑥ 口を割る 〔　　〕
⑦ 口裏を合わせる 〔　　〕
⑧ 舌を巻く 〔　　〕
⑨ 舌を出す 〔　　〕
⑩ 舌が肥える 〔　　〕

ア 冷たくあつかう。
イ 非常に不愉快《ふゆかい》である。
ウ おしゃべりで秘密を守れない。
エ 口数が少なく秘密を口外しない。
オ 秘密をしゃべってしまう。
カ 複数の人が言うことを一致《いっち》させる。
キ 陰《かげ》でばかにする。
ク 得意になる。
ケ 美食に慣れてぜいたくな味覚になる。
コ 感嘆《かんたん》のあまりことばを失う。

問2 次の意味の慣用表現を、あとからそれぞれ一つ選び、記号で答えなさい。

① 強く欲《ほっ》している。 〔　　〕
② 地位や実力が対等である。 〔　　〕
③ 重責から解放される。 〔　　〕
④ おどろいて息を止める。 〔　　〕
⑤ 調子や呼吸が合う。 〔　　〕
⑥ 待ち遠しく思う。 〔　　〕
⑦ 貧しい暮らしをする。 〔　　〕
⑧ いばって人を使う。 〔　　〕
⑨ 技量を高めるために励《はげ》む。 〔　　〕
⑩ 呼吸を抑《おさ》えて静かにする。 〔　　〕

ア 息を殺す
イ 息が合う
ウ 息を呑《の》む
エ 顎《あご》で使う
オ 首を長くする
カ 喉《のど》から手が出る
キ 肩《かた》の荷が下りる
ク 肩を並べる
ケ 腕《うで》を磨《みが》く
コ 爪《つめ》に火を点《とも》す

らくらく
マルつけ
La-39

OUTPUT! 40

慣用表現②

❶ 慣用表現について、あとの問いに答えなさい。

問1 次の慣用表現の意味を、あとからそれぞれ一つ選び、記号で答えなさい。

① 手を焼く ［　　］
② お手上げ ［　　］
③ 手を切る ［　　］
④ 手に汗握《あせにぎ》る ［　　］
⑤ 指をくわえる ［　　］
⑥ 後ろ指を指される ［　　］
⑦ 胸をなでおろす ［　　］
⑧ 胸が騒《さわ》ぐ ［　　］

ア 安心する。
イ 関係を断《た》つ。
ウ どうしようもなくなる。
エ 陰《かげ》で非難される。
オ 心配で落ち着かない。
カ うらやましいのに何もできないでいる。
キ もてあます。
ク 緊張《きんちょう》ではらはらする。

問2 次の意味の慣用表現を、あとからそれぞれ一つ選び、記号で答えなさい。

① 人の意中を探《さぐ》る。 ［　　］
② 納得《なっとく》する。 ［　　］
③ 苦労する。 ［　　］
④ どうにもならないことを悔《く》やむ。 ［　　］
⑤ 本心を隠《かく》さず出す。 ［　　］
⑥ おどろきで立ち上がれなくなる。 ［　　］
⑦ 謙虚《けんきょ》である。 ［　　］
⑧ 体や心の奥《おく》まで強く感じる。 ［　　］

ア 腹を割る
イ 腹を探る
ウ ほぞを噛《か》む
エ 腑《ふ》に落ちる
オ 腰《こし》を抜《ぬ》かす
カ 腰が低い
キ 骨を折る
ク 骨にしみる

ヒント
同じ語をふくむ慣用表現は、意味のちがいに注意しよう。

ちょこっとインプット
Li-40

答えと解き方⬇別冊22ページ

❷ 慣用表現について、あとの問いに答えなさい。

問1 次の慣用表現の意味を、あとからそれぞれ一つ選び、記号で答えなさい。

① 揚《あ》げ足をとる　〔　　〕
② 足が出る　〔　　〕
③ 二の足を踏《ふ》む　〔　　〕
④ 足元に火がつく　〔　　〕
⑤ 足を洗う　〔　　〕
⑥ 足が棒になる　〔　　〕
⑦ 足がつく　〔　　〕
⑧ 虫の居所が悪い　〔　　〕
⑨ 虫の知らせ　〔　　〕
⑩ 虫がいい　〔　　〕

ア　ためらう。
イ　支出が予算をこえる。
ウ　歩き回ってくたびれ果てるさま。
エ　悪いことが起こりそうな予感。
オ　自分勝手で自分に都合よく事を運ぼうとするさま。
カ　悪い仲間や生活から離《はな》れる。
キ　ことば尻《じり》をとらえてからかったり非難したりする。
ク　隠《かく》していたことが表に出る。
ケ　機嫌《きげん》が悪い。
コ　危険が身近に近づく。

問2 次の意味の慣用表現を、あとからそれぞれ一つ選び、記号で答えなさい。

① 強い勢いがある。　〔　　〕
② 厳しく追及《ついきゅう》する。　〔　　〕
③ ごまかす。　〔　　〕
④ 無駄話《むだばなし》をして怠《なま》ける。　〔　　〕
⑤ 元気がない。　〔　　〕
⑥ 成熟して調子がのる。　〔　　〕
⑦ わずかである。　〔　　〕
⑧ 根拠《こんきょ》や証拠《しょうこ》が何もない。　〔　　〕
⑨ 意気投合する。　〔　　〕
⑩ 不《ふ》釣《つ》り合いで筋が通らない。　〔　　〕

ア　雀《すずめ》の涙《なみだ》
イ　馬が合う
ウ　飛ぶ鳥を落とす勢い
エ　木に竹を接《つ》ぐ
オ　根も葉もない
カ　青菜に塩
キ　お茶を濁《にご》す
ク　油を売る
ケ　油を絞《しぼ》る
コ　脂《あぶら》がのる

らくらく
マルつけ
La-40

OUTPUT!

41 慣用表現③

❶ 慣用表現について、あとの問いに答えなさい。

問1 次の――部の慣用表現の意味を、あとからそれぞれ一つ選び、記号で答えなさい。

① のら犬に出くわし、泡《あわ》を食って逃《に》げ出した。〔　　〕
② 彼《かれ》はテストの点がよかったことで図に乗っている。〔　　〕
③ 高をくくっていたが、思ったよりも難しい試験だった。〔　　〕
④ 強情《ごうじょう》な姉の気持ちを変えられずに匙《さじ》を投げた。〔　　〕
⑤ 横車を押《お》すような主張にうんざりする。〔　　〕
⑥ 楽しい会話に横槍《よこやり》を入れられる。〔　　〕

ア　邪魔《じゃま》される。
イ　調子に乗っている。
ウ　うまくいかずに手を引く。
エ　無理を通そうとする。
オ　大したことはないと甘《あま》く見ていた。
カ　驚《おどろ》きでひどくあわてて。

問2 次の――部の慣用表現の誤りを直して、すべて書き換《か》えなさい。

① 機が熱したので、行動に移すことにした。〔　　〕
② 彼女《かのじょ》の失敗の三の舞《まい》にはなるまい。〔　　〕
③ 取りつく藁《わら》もない態度を悲しむ。〔　　〕
④ 通りかかった船だと思って仕事をやり遂《と》げる。〔　　〕
⑤ 隣《となり》のクラスには栗《くり》二つの双子《ふたご》がいる。〔　　〕
⑥ この作文には非のあげどころがない。〔　　〕
⑦ マラソン大会の特訓に誘《さそ》ったら腕《うで》をふられた。〔　　〕

ヒント
慣用表現は語源も確認《かくにん》しておくと意味を思い出しやすい。

ちょこっとインプット
Li-41

答えと解き方⬇別冊23ページ

❷ 慣用表現について、あとの問いに答えなさい。

問1 次の――部の慣用表現の意味を、あとからそれぞれ一つ選び、記号で答えなさい。

① 過去の恨《うら》みは水に流すことにした。〔　〕
② セールスマンの立て板に水のしゃべりに圧倒《あっとう》される。〔　〕
③ 二人の仲に水を差すのは気が引ける。〔　〕
④ 試験前にあわてて勉強しても焼け石に水だ。〔　〕
⑤ 彼らは水と油だといわれている。〔　〕
⑥ お願いだから火に油を注ぐようなことはしないでくれ。〔　〕
⑦ この法改正がもたらす結果は火を見るよりも明らかだ。〔　〕

ア 感動や関係を邪魔する。
イ よどみなくすらすらと話すさま。
ウ 勢いがあるものをさらに盛んにする。
エ 微力《びりょく》すぎて何の役にも立たない。
オ はっきりしていて疑う余地がない。
カ 性質が合わず不仲である。
キ なかったことにする。

問2 次の――部の慣用表現の誤りを直して、すべて書き換えなさい。

① 得意なゲームの対戦に向けて骨が鳴る。〔　〕
② 開店セールを手ぐさりを引いて待っていた。〔　〕
③ 予想外のホームランに観客はあっけに奪《うば》われた。〔　〕
④ 炭が置けない友人と語り合う。〔　〕
⑤ 旅館のさびが利《き》いたもてなしに感心する。〔　〕
⑥ 家族に隠《かく》れてお菓子《かし》を食べるのは気がおける。〔　〕
⑦ とまりが悪くて顔を赤らめる。〔　〕
⑧ 恋人《こいびと》たちのけんかなど猫《ねこ》も食わない。〔　〕
⑨ 犬の手も借りたい忙《いそが》しさだ。〔　〕
⑩ 雀《すずめ》の額ほどの土地に家庭菜園をつくった。〔　〕

らくらく マルつけ

La-41

OUTPUT! 42 慣用表現④

1 慣用表現について、あとの問いに答えなさい。

問1 次の――部の慣用表現の意味を、あとからそれぞれ一つ選び、記号で答えなさい。

① 冷蔵庫のプリンを食べたか問われて、白《しら》を切る。［　　］

② 生徒会長候補として白羽の矢が立つ。［　　］

③ 長年のライバルと黒白《こくびゃく》をつける。［　　］

④ 新製品の開発計画をいったん白紙に戻《もど》すことが決定した。［　　］

⑤ 一か八《ばち》か挑戦《ちょうせん》してみることにする。［　　］

⑥ オリンピック開会式の一糸《いっし》乱れぬ行進を見物する。［　　］

ア 決着をつける。

イ 多くの中から選ばれる。

ウ 運に任せてやってみる。

エ それまでの経緯《けいい》をなかったことにする。

オ 整然として秩序《ちつじょ》立っている。

カ 知っているのに知らないふりをする。

問2 次の――部の慣用表現の誤りを直して、すべて書き換《か》えなさい。

① 鳥の七光と陰口《かげぐち》を言われる。［　　］

② あの後輩《こうはい》は打てば歌うような返事をする。［　　］

③ 信号無視の自転車に肝《きも》をあたためる。［　　］

④ 突然《とつぜん》の雷鳴《らいめい》に肝をふるわせる。［　　］

⑤ 予想外の展開の舞台《ぶたい》で観客の腹を抜《ぬ》く。［　　］

⑥ 横暴なふるまいを見て影《かげ》をひそめる。［　　］

⑦ だまされまいと肘《ひじ》に唾《つば》をつける。［　　］

ヒント 慣用表現が使われている文脈から意味を推測しよう。

答えと解き方⬇別冊23ページ

ちょこっとインプット Li-42

❷ 慣用表現について、あとの問いに答えなさい。

問1 次の――部の慣用表現の意味を、あとからそれぞれ一つ選び、記号で答えなさい。

① 事件の目撃者《もくげきしゃ》が一様に口をつぐむのはなぜだろう。［　　］

② 不正について口をぬぐってすますことは許されない。［　　］

③ 友人の口車に乗ってコンテストに応募《おうぼ》してしまった。［　　］

④ 口を酸《す》っぱくして言われたことを忘れてしまった。［　　］

⑤ 将棋《しょうぎ》を指していたら一杯《いっぱい》食わされた。［　　］

⑥ 奥歯《おくば》に物が挟《はさ》まったような言い方はやめてほしい。［　　］

⑦ 後ろ髪《がみ》を引かれる思いで旅先から帰途《きと》についた。［　　］

ア だまされた。
イ 悪いことをしながら知らないふりをする。
ウ 何か言わずにいることがあるような。
エ 黙《だま》る。
オ 未練があって先に進みがたい。
カ 繰《く》り返し念を入れて。
キ うまく言いくるめられて。

問2 次の――部の慣用表現の誤りを直して、すべて書き換《か》えなさい。

① 帰り道で友達と言い争いになってあと夢が悪い。［　　］

② 樹液に味を決めたカブトムシが集まってきた。［　　］

③ 予想外のホームランに観客は青い声を上げた。［　　］

④ 彼《かれ》らは同じ穴の狐《きつね》だ。［　　］

⑤ この衝撃《しょうげき》は筆写に尽《つ》くしがたい。［　　］

⑥ あの新入社員は影法師《かげぼうし》なく働いている。［　　］

⑦ 陽《ひ》が落ちて街のにぎわいが影《かげ》をしたう。［　　］

⑧ 予算を真水《まみず》のように使う。［　　］

⑨ 私にとってあの服は高嶺《たかね》の山だ。［　　］

⑩ 旧友に再会して話に花がわいた。［　　］

らくらく マルつけ
La-42

OUTPUT!

43 慣用表現⑤

ちょこっとインプット
Li-43

答えと解き方⬇別冊24ページ

❶ 慣用表現について、あとの問いに答えなさい。

問1 次の慣用表現の意味を、あとからそれぞれ一つ選び、記号で答えなさい。

① 箸《はし》にも棒にもかからぬ ［　］
② 快刀乱麻《かいとうらんま》を断《た》つ ［　］
③ 年貢《ねんぐ》の納め時 ［　］
④ のしをつける ［　］
⑤ 八方塞《ふさ》がり ［　］
⑥ 一巻の終わり ［　］
⑦ 一矢報《いっしむく》いる ［　］
⑧ 甲乙《こうおつ》つけがたい ［　］

ア これまでの悪事を清算する。
イ 手際《てぎわ》よく解決する。
ウ 死ぬこと、または手遅《ておく》れの状態。
エ 厄介《やっかい》なものを喜んで手放す。
オ 優劣《ゆうれつ》を決めるのが難しい。
カ 追い詰《つ》められた状態。
キ 反撃《はんげき》する。
ク ひどすぎて扱《あつか》いようがない。

問2 次の意味の慣用表現を、あとからそれぞれ一つ選び、記号で答えなさい。

① 余計なことまで気づかう。 ［　］
② うっかり失言する。 ［　］
③ 調子に乗って話す。 ［　］
④ 警戒心《けいかいしん》をゆるめる。 ［　］
⑤ 物事を最初に行う。 ［　］
⑥ 非常に腹を立てる。 ［　］
⑦ 元気を失う。 ［　］
⑧ はらはらと心配する。 ［　］

ア 気を回す
イ 気を落とす
ウ 気を許す
エ 気をもむ
オ はらわたが煮《に》えくり返る
カ 口火を切る
キ 大きな口を利《き》く
ク 口が滑《すべ》る

ヒント
慣用表現がどのような文脈で使われていたか思い出してみよう。

❷ 慣用表現について、あとの問いに答えなさい。

問1 次の慣用表現の意味を、あとからそれぞれ一つ選び、記号で答えなさい。

① 大船に乗ったよう 〔　　〕
② 泥船《どろぶね》に乗る 〔　　〕
③ いたちごっこ 〔　　〕
④ 閑古鳥《かんこどり》が鳴く 〔　　〕
⑤ 狸寝入《たぬきねい》り 〔　　〕
⑥ おくびにも出さない 〔　　〕
⑦ 尻尾《しっぽ》を出す 〔　　〕
⑧ 灰燼《かいじん》に帰す 〔　　〕
⑨ 影《かげ》も形もない 〔　　〕
⑩ 薄氷《はくひょう》をふむ 〔　　〕

ア 同じことの繰《く》り返し。
イ 不安定なものにたよっている。
ウ 眠《ねむ》っているふり。
エ 商売がはやらない。
オ 危険な状況《じょうきょう》に臨《のぞ》む。
カ 秘《ひ》めて表に出さない。
キ 隠《かく》しているものをうっかりあらわにする。
ク 焼けて跡形《あとかた》もなくなる。
ケ 存在の跡が見あたらない。
コ 信頼《しんらい》して任せられる。

問2 次の意味の慣用表現を、あとからそれぞれ一つ選び、記号で答えなさい。

① 直接表現されていないことを読み取る。 〔　　〕
② 心と体が高ぶって活力がみなぎる。 〔　　〕
③ 大切なことのためには多少の犠牲《ぎせい》もやむを得ない。 〔　　〕
④ 配慮《はいりょ》が行き届いている。 〔　　〕
⑤ 優《すぐ》れたものを活用しないでいる。 〔　　〕
⑥ 自分の名誉《めいよ》を他人に譲《ゆず》る。 〔　　〕
⑦ 素直《すなお》でさっぱりとしている。 〔　　〕
⑧ 心の中を打ち明けること。 〔　　〕
⑨ 人や物事を自分のために利用すること。 〔　　〕
⑩ 自分が負担してお金を支払《しはら》うこと。 〔　　〕
⑪ 高く澄《す》んでいる美しい音や声のこと。 〔　　〕
⑫ 自分よりも相手が格段に優れていること。 〔　　〕

ア 行間を読む　イ 血沸《わ》き肉躍《おど》る
ウ 至れり尽《つ》くせり　エ 竹を割ったような
オ 花を持たせる　カ 宝の持ち腐《ぐさ》れ
キ 背に腹は代えられない　ク 足下《あしもと》にも及《およ》ばない
ケ 自腹を切る　コ 底を割る
サ 玉を転がす　シ だしに使う

らくらくマルつけ
La-43

OUTPUT! 44 まとめのテスト⑧

／100点

答えと解き方➡別冊24ページ

❶ 次の文章を読んで、あとの問いに答えなさい。［48点］

①物事が困難でどうしようもなく、ほぞをかむようなときこそ、人間の値打ちというものが明らかになるといえるだろう。日ごろから自分の能力を誇《ほこ》り、②得意になっている人々にも、そういう瞬間《しゅんかん》は必ず一度は訪《おとず》れるものである。

困難への究極的な対処法は一つしかない。それは地道な③苦労をすることだ。たとえ、人から知恵《ちえ》などの助けを得られたとしても、自分できちんと理解して目的に向けて動かなければ、望む成果を得ることはできない。

才能にめぐまれているようにみえる世の中の偉大《いだい》な人々は、こうしたことをよくわかっている。才能を④うらやみながら何もできないでいる凡人《ぼんじん》と異なり、小さな一歩の積み重ねが大きな意味をもつと知っているのだ。

そうした努力を馬鹿にする人も多いだろう。非効率的だと⑤からかったり非難したりする人もいるかもしれない。

しかし、そうしたコツコツとしたステップは、⑥無理を通そうとするような性急なやり方とちがい、確実で成功の可能性が高いものだ。

では、そうした努力の糸口が見えない⑦追い詰《つ》められた状態だったらどうしたらよいだろうか。そのときこそ、⑧謙虚《けんきょ》であることが大きな意味をもつ。謙虚に周りの人の知恵を借りにいくことだけでなく、自分の能力に対しても謙虚になって、自分の対応や準備に不十分なところがなかったのか、見直すのだ。

（書き下ろし）

問1 ——線部①〜⑧の意味の慣用表現を、あとからそれぞれ一つ選び、記号で答えなさい。（5点×8）

①［　　］　②［　　］
③［　　］　④［　　］
⑤［　　］　⑥［　　］
⑦［　　］　⑧［　　］

ア　腰《こし》が低い　　イ　歯が立たない
ウ　八方塞《ふさ》がり　　エ　揚《あ》げ足をとる
オ　指をくわえる　　カ　横車を押《お》す
キ　鼻にかける　　ク　骨を折る

問2 ——線部の慣用表現の意味を書きなさい。（8点）

［　　　　　　　　］

❷ 慣用表現について、あとの問いに答えなさい。〔52点〕

問1 次の慣用表現の□に合う漢字をそれぞれ答えなさい。(3点×6)

① 快刀《かいとう》□麻《ま》を断《た》つ

② □貢《ぐ》の納め時

③ 薄《はく》□をふむ

④ □にたこができる

⑤ □も食わない

⑥ 足が□になる

問2 次の慣用表現の意味を、あとからそれぞれ一つ選び、記号で答えなさい。(2点×5)

① 目が肥える〔　〕

② 息を殺す〔　〕

③ 喉《のど》から手が出る〔　〕

④ 油を売る〔　〕

⑤ 白紙に戻《もど》す〔　〕

ア 無駄話《むだばなし》をして怠《なま》ける。

イ 強く欲《ほっ》している。

ウ 呼吸を抑《おさ》えて静かにする。

エ ものの価値がわかるようになる。

オ それまでの経緯《けいい》をなかったことにする。

問3 次の文の慣用表現の使い方がまちがっている部分に――を引き、右側に正しいことばを書きなさい。(3点×8)

例 思い出話に花がわいた。　咲

① 家族の帰りが遅《おそ》いことに胸が悪くなる。

② 君の説明を聞いても、どうも腑《ふ》に入らない。

③ 突然《とつぜん》空からひょうが降って来たので泡《あわ》が出た。

④ あの司会者は立て板に油だ。

⑤ この程度の予算では焼け鉄に水だろう。

⑥ サークルの代表として、彼女《かのじょ》に白羽の矢が見えた。

⑦ 背中に物が挟《はさ》まったような言い方はやめてくれ。

⑧ 彼《かれ》は最初、箸《はし》にも紐《ひも》にもかからぬように思われていた。

らくらく
マルつけ
La-44

OUTPUT! 45

難しい熟語①

❶ 熟語について、あとの問いに答えなさい。

問1 次の熟語の意味を、あとからそれぞれ一つ選び、記号で答えなさい。

① 模倣《もほう》 [　　]

ア 飾《かざ》り立てること。　イ うそをつくこと。
ウ まねをすること。　エ 放っておくこと。

② 把握《はあく》 [　　]

ア しっかりつかむこと。　イ 丁寧《ていねい》にあつかうこと。
ウ ゆっくり説明すること。　エ 堂々と主張すること。

③ 明瞭《めいりょう》 [　　]

ア あかるいこと。　イ あきらかなこと。
ウ 印象深いこと。　エ 整っていること。

④ 通暁《つうぎょう》 [　　]

ア 粋《いき》で風流なこと。　イ わかりやすいこと。
ウ 詳《くわ》しく知っていること。　エ 理解力があること。

問2 次の意味の熟語を、あとからそれぞれ一つ選び、記号で答えなさい。

① たよること。 [　　]
② 心に思い浮《う》かべた像。 [　　]
③ つくりごと。 [　　]
④ あふれ出ること。 [　　]
⑤ 詳しく調べること。 [　　]
⑥ 取り除くこと。 [　　]
⑦ 悩《なや》んでもだえ苦しむこと。 [　　]
⑧ ひどくむごたらしく痛ましいこと。 [　　]
⑨ 丁寧《ていねい》で礼儀《れいぎ》正しいこと。 [　　]
⑩ 不確かで怪《あや》しいこと。 [　　]

ア 排除《はいじょ》　イ 表象　ウ 虚構《きょこう》
エ 依存《いぞん》　オ 吟味《ぎんみ》　カ 氾濫《はんらん》
キ 慇懃《いんぎん》　ク 胡乱《うろん》　ケ 凄惨《せいさん》
コ 懊悩《おうのう》

ヒント
知っている漢字から意味を推測しよう。
たとえば、「模」の「まねてつくる」という意味がわかれば、「倣」がわからなくても「模倣」の意味を推測できる。

ちょこっとインプット
Li-45

答えと解き方⬇別冊25ページ

❷ 熟語について、あとの問いに答えなさい。

問1 次の熟語の意味を、あとからそれぞれ一つ選び、記号で答えなさい。

① 終焉《しゅうえん》　［　　］
ア 物事を達成すること。　イ 堂々巡《めぐ》りすること。
ウ 命の終わりに臨《のぞ》むこと。　エ あきらめを覚えること。

② 滑稽《こっけい》　［　　］
ア 慣れていること。　イ なめらかなこと。
ウ 嘆《なげ》かわしいこと。　エ 面白《おもしろ》おかしいこと。

③ 所与《しょよ》　［　　］
ア 所有されること。　イ 所有すること。
ウ あたえること。　エ あたえられること。

④ 拙速《せっそく》　［　　］
ア 下手《へた》だが速いこと。　イ 下手で速さが足りないこと。
ウ 非常に速いこと。　エ 速さが不安定なこと。

⑤ 沿革　［　　］
ア 物事の未来予想図。　イ 物事の移り変わり。
ウ 古い物事。　エ 物事の革新性。

問2 次の意味の熟語を、あとからそれぞれ一つ選び、記号で答えなさい。

① 見抜《みぬ》くこと。　［　　］
② さまざまなものが入り乱れていること。　［　　］
③ 丈《たけ》が低く、形が小さいこと。　［　　］
④ ありふれていること。　［　　］
⑤ 部外者が口出しすること。　［　　］
⑥ 相反する感情の間で迷い悩むこと。　［　　］
⑦ あやふやなこと。　［　　］
⑧ きっかけ。　［　　］
⑨ 激しく手厳しいこと。　［　　］
⑩ 道ばた。　［　　］
⑪ 事実とは異なることをでっち上げること。　［　　］
⑫ 人の見た目の様子。　［　　］
⑬ あとについて従うこと。　［　　］
⑭ 生活するための仕事や手段。　［　　］
⑮ うらんで憎《にく》み嘆《なげ》くこと。　［　　］

ア 曖昧《あいまい》　イ 看破　ウ 契機《けいき》
エ 凡庸《ぼんよう》　オ 干渉《かんしょう》　カ 葛藤《かっとう》
キ 混沌《こんとん》　ク 矮小《わいしょう》　ケ 怨嗟《えんさ》
コ 生業《なりわい》　サ 追随《ついずい》　シ 捏造《ねつぞう》
ス 風采《ふうさい》　セ 路頭　ソ 痛烈《つうれつ》

OUTPUT! 46 難しい熟語 ❷

答えと解き方⬇別冊25ページ

ちょこっとインプット

Li-46

❶ 熟語について、あとの問いに答えなさい。

問1 次の熟語の意味を、あとからそれぞれ一つ選び、記号で答えなさい。

① 普遍《ふへん》 [　　]
ア 飾《かざ》り立てること。
イ うそをつくこと。
ウ まねをすること。
エ 広く共通すること。

② 故意 [　　]
ア わざと行うこと。
イ 誤って行うこと。
ウ 意図せずに行うこと。
エ 気楽に行うこと。

③ 躊躇《ちゅうちょ》 [　　]
ア 悩《なや》み迷うこと。
イ 非があること。
ウ ためらいを覚えること。
エ 整っていること。

④ 辻褄《つじつま》 [　　]
ア 物事の筋道や道理。
イ 障子などのつくり。
ウ 人の交わる場所。
エ 物事の細かい部分。

問2 次の意味の熟語を、あとからそれぞれ一つ選び、記号で答えなさい。

① 目覚めること。 [　　]
② 中身がともなわないこと。 [　　]
③ 得る代わりに失うもの。 [　　]
④ 現実にあること。 [　　]
⑤ 正しいこととまちがっていること。 [　　]
⑥ 全体をひとまとめにすること。 [　　]
⑦ 人のつてやつながり。 [　　]
⑧ 非難すべき点。 [　　]
⑨ 経験が豊富で物事に巧《たく》みなこと。 [　　]
⑩ 押《お》し広げたり、詳《くわ》しく述べたりすること。 [　　]

ア 実存　イ 代償《だいしょう》　ウ 是非《ぜひ》
エ 包括《ほうかつ》　オ 覚醒《かくせい》　カ 空疎《くうそ》
キ 縁故《えんこ》　ク 難癖《なんくせ》　ケ 敷衍《ふえん》
コ 老練

ヒント
漢字が共通する熟語から意味を推測しよう。
たとえば、「普遍」は「普通」や「遍在」と漢字が共通している。

❷ 熟語について、あとの問いに答えなさい。

問1 次の熟語の意味を、あとからそれぞれ一つ選び、記号で答えなさい。

① 対峙《たいじ》 [ ]
ア 対等であること。 イ 相対すること。
ウ 対決すること。 エ 相対的であること。

② 逆説 [ ]
ア 一見真理に反するように見えて一面の真理である説。
イ 一般《いっぱん》に真理に反するとされている説。
ウ 一見真理のように見えて真理でない説。
エ 一般に真理とされている説。

③ 内包 [ ]
ア 内省すること。 イ 内側にかくすこと。
ウ 内部にふくんでいること。 エ 全体をまとめること。

④ 籠絡《ろうらく》 [ ]
ア 人に情報を伝えずに秘密にしたままにすること。
イ 人の弱点を探《さぐ》り出して利用すること。
ウ 狭《せま》い視野で物事を判断すること。
エ ことばなどで巧みに人を操《あやつ》り動かすこと。

問2 次の意味の熟語を、あとからそれぞれ一つ選び、記号で答えなさい。

① 映し出すこと。 [ ]
② 話があることがらにおよぶこと。 [ ]
③ 都を移すこと。 [ ]
④ 一般的な考え。 [ ]
⑤ 仲立ちとなるもの。 [ ]
⑥ はっきりと表す様子。 [ ]
⑦ つり合いが取れている様子。 [ ]
⑧ ほかからの影響《えいきょう》を受けずに自分の規範《きはん》に従う様子。 [ ]
⑨ 新婚《しんこん》の時期。転じて、親密な関係のこと。 [ ]
⑩ 話が上手で口数が多いこと。 [ ]
⑪ 高い視点で全体を見ること。 [ ]
⑫ 苦労してひねり出すこと。 [ ]
⑬ 美しく微笑《ほほえ》む様子。 [ ]
⑭ 相手の論の誤りを指摘《してき》して攻撃《こうげき》すること。 [ ]

ア 言及《げんきゅう》 イ 自律 ウ 通念
エ 投影 オ 媒介《ばいかい》 カ 均衡《きんこう》
キ 端的《たんてき》 ク 遷都《せんと》 ケ 論駁《ろんばく》
コ 蜜月《みつげつ》 サ 捻出《ねんしゅつ》 シ 嫣然《えんぜん》
ス 俯瞰《ふかん》 セ 能弁

らくらく
マルつけ
La-46

OUTPUT! 47

難しい熟語③

ちょこっとインプット
Li-47

答えと解き方⬇別冊25ページ

❶ 熟語について、あとの問いに答えなさい。

問1 次の熟語の意味を、あとからそれぞれ一つ選び、記号で答えなさい。

① 堕落《だらく》 [ ]

ア 品行や生活が乱れること。 イ 古びて壊《こわ》れること。
ウ 老いて弱ること。 エ 身分が落ちぶれること。

② 不条理 [ ]

ア 道理に反すること。 イ 倫理《りんり》に反すること。
ウ 理論に反すること。 エ 定理に反すること。

③ 形而上《けいじじょう》 [ ]

ア 感覚的になんとなくわかるもの。
イ 形をとらえて認識《にんしき》することができるもの。
ウ 精神のはたらきが有形になったもの。
エ 形をもたず、感覚を通して認識できないもの。

問2 次の意味の熟語を、あとからそれぞれ一つ選び、記号で答えなさい。

① 知覚することができるはっきりした形を備えていること。 [ ]
② 物事に共通の性質をとり出してつかむこと。 [ ]
③ 心配すること。 [ ]
④ 自分のものとして味わい楽しむこと。 [ ]
⑤ 表に出ずに秘《ひ》められていること。 [ ]
⑥ 知識を広めること。 [ ]
⑦ 年齢《ねんれい》が上であること。 [ ]
⑧ 目をかけて特別扱《とくべつあつか》いすること。 [ ]

ア 懸念《けねん》 イ 享受《きょうじゅ》 ウ 啓蒙《けいもう》
エ 潜在《せんざい》 オ 抽象《ちゅうしょう》 カ 具体
キ 贔屓《ひいき》 ク 年配

ヒント
「啓蒙」の「啓」は「物事を理解させて導く」、「蒙」は「道理を知らずおろかである」という意味。

❷ 熟語について、あとの問いに答えなさい。

問1 次の熟語の意味を、あとからそれぞれ一つ選び、記号で答えなさい。

① 如実《にょじつ》　［　　］

ア 目新しいこと。　イ 現実のとおりであること。

ウ うわついていること。　エ 想像のとおりであること。

② 頑迷《がんめい》　［　　］

ア 頑固でわからず屋であること。

イ 不思議なほどに頑丈《がんじょう》であること。

ウ 思い惑《まど》って結論が出ないこと。

エ 迷信にとらわれていること。

③ 拘泥《こうでい》　［　　］

ア よいことと悪いことを見分けること。

イ 周囲を気にせず行動すること。

ウ 一つのことに執着《しゅうちゃく》すること。

エ ささいなことに気づかずに失敗すること。

④ 不朽《ふきゅう》　［　　］

ア 悪い点が一切見あたらず、すばらしいこと。

イ まれにみる栄誉《えいよ》を受けること。

ウ 非常に丈夫《じょうぶ》で傷つきにくいこと。

エ いつまでも価値を保ち後世に残ること。

問2 次の意味の熟語を、あとからそれぞれ一つ選び、記号で答えなさい。

① 一瞬《いっしゅん》のこと。　［　　］

② 心が広く、人の言動をよく受け入れる様子。　［　　］

③ 理由。　［　　］

④ 知識の幅《はば》が広いこと。　［　　］

⑤ はかどらせること。　［　　］

⑥ 人が多く集まって住んでいる所。　［　　］

⑦ 空間の中で存在するときの位置や構造。　［　　］

⑧ 才能や人柄《ひとがら》。　［　　］

⑨ 包み隠《かく》さずに明らかにすること。　［　　］

⑩ すり減ること。　［　　］

⑪ 快い香りが漂《ただよ》っている様子。　［　　］

⑫ 力が対等で釣《つ》り合っていること。　［　　］

⑬ 気力をふるい立たせて努めること。　［　　］

⑭ 土地が豊かで作物がよくとれる状態のこと。　［　　］

ア 該博《がいはく》　イ 寛容《かんよう》　ウ 刹那《せつな》

エ 器量　オ 促進《そくしん》　カ 市井《しせい》

キ 位相　ク 所以《ゆえん》　ケ 馥郁《ふくいく》

コ 奮励《ふんれい》　サ 匹敵《ひってき》　シ 肥沃《ひよく》

ス 披瀝《ひれき》　セ 摩耗《まもう》

らくらく マルつけ

La-47

OUTPUT! 48 難しい熟語④

❶ 難しい熟語について、あとの問いに答えなさい。

問1 次の熟語の意味を、あとからそれぞれ一つ選び、記号で答えなさい。

① 卓見《たっけん》 ［　］

ア 高所からの眺《なが》め。　イ 気持ちの推察。
ウ すぐれた見方。　エ ありがたい教え。

② 愚挙《ぐきょ》 ［　］

ア ばかげた行動。　イ 他人を笑わせるための行動。
ウ もったいぶった行動。　エ 欲求に素直《すなお》な行動。

③ 挙行 ［　］

ア 手を挙げること。　イ 意のままに操《あやつ》ること。
ウ 仕事をすること。　エ 行事を執《と》り行うこと。

④ 満悦《まんえつ》 ［　］

ア 満足を知らないこと。　イ 時期が満ちること。
ウ 満月を見ること。　エ 満たされて喜ぶこと。

問2 次の意味の熟語を、あとからそれぞれ一つ選び、記号で答えなさい。

① 複雑で面倒《めんどう》なこと。 ［　］
② 不健全なことに没頭《ぼっとう》すること。 ［　］
③ 十分に考えられていないこと。 ［　］
④ 顔の表情。 ［　］
⑤ もともと抱《いだ》いていた願い。 ［　］
⑥ 馬や車を速く走らせること。 ［　］
⑦ こらえきれず笑うこと。 ［　］
⑧ 若い年ごろのこと。 ［　］
⑨ 陸地と水面が接する所。 ［　］

ア 疾駆《しっく》　イ 耽溺《たんでき》　ウ 相好《そうごう》
エ 煩瑣《はんさ》　オ 本懐《ほんかい》　カ 浅慮《せんりょ》
キ 水際《みずぎわ》　ク 妙齢《みょうれい》　ケ 噴飯《ふんぱん》

ヒント
「卓見」と共通の漢字をふくむ「卓越《たくえつ》」は、「ぬきん出てすぐれていること」という意味。

答えと解き方⬇別冊26ページ

ちょこっとインプット
Li-48

❷ 難しい熟語について、あとの問いに答えなさい。

問1 次の熟語の意味を、あとからそれぞれ一つ選び、記号で答えなさい。

① 狼狽《ろうばい》 [　　]

ア 取り乱すこと。　イ 猛獣《もうじゅう》が吠《ほ》えること。
ウ 似通っていること。　エ 走り回ること。

② 憐憫《れんびん》 [　　]

ア 相手が自分より劣《おと》っていると思うこと。
イ 自分が相手より劣っていると思うこと。
ウ かわいそうだと思いあわれむこと。
エ かわいらしいと思ってめでること。

③ 老獪《ろうかい》 [　　]

ア 年齢《ねんれい》を重ねて物腰《ものごし》が落ち着いていること。
イ 経験が豊富でずる賢《がしこ》くなっていること。
ウ 食べものの旬《しゅん》が過ぎておいしくないこと。
エ 落ちぶれてしまい貧しい生活をしていること。

④ 憤慨《ふんがい》 [　　]

ア ひどく怒《いか》ること。　イ ひどくあわてること。
ウ ひどく悲しむこと。　エ ひどく喜ぶこと。

問2 次の意味の熟語を、あとからそれぞれ一つ選び、記号で答えなさい。

① 表面だけを取り繕《つくろ》ってごまかすこと。 [　　]
② 恩義と仇《あだ》。 [　　]
③ 人が意識的に行う行為《こうい》。 [　　]
④ 動揺《どうよう》せず落ち着いているさま。 [　　]
⑤ まちがえること。 [　　]
⑥ 結局のところ。 [　　]
⑦ 隠《かく》していたことが明るみに出ること。 [　　]
⑧ いろいろな土地をめぐること。 [　　]
⑨ 荒々《あらあら》しく無法な様子。 [　　]
⑩ 感覚や才知がするどくさえている様子。 [　　]
⑪ 土地がやせている様子や進歩がない様子。 [　　]
⑫ 技術や知識、人格などが発達し豊かな様子。 [　　]
⑬ いやしく悪い慣習。 [　　]
⑭ 対立して話がこじれること。 [　　]

ア 恩讐《おんしゅう》　イ 泰然《たいぜん》　ウ 遍歴《へんれき》
エ 錯誤《さくご》　オ 畢竟《ひっきょう》　カ 糊塗《こと》
キ 営為　ク 露見《ろけん》　ケ 紛糾《ふんきゅう》
コ 陋習《ろうしゅう》　サ 円熟　シ 不毛
ス 鋭敏《えいびん》　セ 狼藉《ろうぜき》

らくらく
マルつけ
La-48

OUTPUT! 49

カタカナ語

❶ カタカナ語について、あとの問いに答えなさい。

問1 次の語の反対の意味のカタカナ語を、あとからそれぞれ一つ選び、記号で答えなさい。

① マイノリティ 〔　〕
② インサイダー 〔　〕
③ グローバル 〔　〕
④ リアル 〔　〕
⑤ ハードランディング 〔　〕
⑥ フィジカル 〔　〕
⑦ モダン 〔　〕
⑧ カジュアル 〔　〕
⑨ ハイコンテクスト 〔　〕

ア アウトサイダー　イ ローカル
ウ ソフトランディング　エ マジョリティ
オ バーチャル　カ メンタル
キ フォーマル　ク クラシック
ケ ローコンテクスト

問2 次のカタカナ語に似た意味の語を、あとからそれぞれ一つ選び、記号で答えなさい。

① パースペクティブ 意味 展望。 〔　〕
② プレッシャー 意味 圧力。 〔　〕
③ コンセプト 意味 全体の統一的な理念。 〔　〕
④ イノベーション 意味 革新。 〔　〕
⑤ ステレオタイプ 意味 固定観念。 〔　〕
⑥ オリジナリティ 意味 独自性。 〔　〕
⑦ アグリーメント 意味 合意。 〔　〕
⑧ トラディショナル 意味 伝統的。 〔　〕
⑨ スタンス 意味 立場や見方。 〔　〕

ア レボリューション　イ テーマ
ウ ユニークネス　エ ストレス
オ ビュー　カ バイアス
キ ポイントオブビュー　ク クラシカル
ケ コンセンサス

ヒント
反対の意味のカタカナ語は終わりの形が似ていることが多い。

答えと解き方⬇別冊26ページ

ちょこっとインプット Li-49

❷ カタカナ語について、あとの問いに答えなさい。

問1 次の語の反対の意味のカタカナ語を、あとからそれぞれ一つ選び、記号で答えなさい。

① インバウンド 〔　　〕
② ハードウェア 〔　　〕
③ ネガティブ 〔　　〕
④ ミクロ 〔　　〕
⑤ プロフェッショナル 〔　　〕
⑥ パブリック 〔　　〕

ア マクロ　イ ポジティブ
ウ アウトバウンド　エ プライベート
オ アマチュア　カ ソフトウェア

問2 次のカタカナ語に似た意味の二字熟語を、あとからそれぞれ一つ選び、記号で答えなさい。

① パラドックス 〔　　〕
② バイアス 〔　　〕
③ ビジョン 〔　　〕
④ ツール 〔　　〕
⑤ サマリー 〔　　〕
⑥ リニューアル 〔　　〕

ア 要約　イ 道具　ウ 逆説
エ 偏見　オ 展望　カ 刷新

問3 次の意味のカタカナ語を、あとからそれぞれ一つ選び、記号で答えなさい。

① 自己に対する認識《にんしき》。 〔　　〕
② 国境・地域・言語・文化などの枠《わく》組《ぐ》みをこえた状態。 〔　　〕
③ 一時的な猶予期間《ゆうよきかん》。 〔　　〕
④ 意見や考え方が一致《いっち》すること。 〔　　〕
⑤ 理論や問題意識などの基本的で包括的《ほうかつてき》なものの見方。 〔　　〕
⑥ 現実の状況《じょうきょう》を模擬的《もぎてき》に再現すること。 〔　　〕
⑦ 行動するための意欲や動機。 〔　　〕
⑧ 法令や規則に従うこと。 〔　　〕
⑨ 組織的に管理すること。 〔　　〕
⑩ 利用できる資源。 〔　　〕

ア シミュレーション　イ パラダイム
ウ コンセンサス　エ コンプライアンス
オ アイデンティティ　カ ボーダーレス
キ モチベーション　ク モラトリアム
ケ マネジメント　コ リソース

OUTPUT! 50 まとめのテスト⑨

／100点

答えと解き方➡別冊26ページ

❶ 熟語について、あとの問いに答えなさい。［46点］

問1 次の熟語の意味を、あとからそれぞれ一つ選び、記号で答えなさい。（4点×4）

① 憐憫《れんびん》

ア 人を怒《おこ》らせること。　イ 人を哀《あわ》れむこと。

ウ 人をうれしがらせること。　エ 人を楽しませること。　［　　］

② 頑迷《がんめい》

ア 自説をゆずらないこと。　イ 自説を曲げること。

ウ 自説が不確かなこと。　エ 自説がないこと。　［　　］

③ 故意

ア まちがえてやること。　イ 大胆《だいたん》にやること。

ウ わざとやること。　エ 恐《おそ》る恐るやること。　［　　］

④ 拘泥《こうでい》

ア 細部があらわになること。　イ 細部に隠《かく》すこと。

ウ 細部にこだわること。　エ 細部を見落とすこと。　［　　］

問2 次の□にあてはまる熟語を、あとからそれぞれ一つ選び、記号で答えなさい。（3点×10）

① □的な対策が必要だ。　［　　］

② □をこえたところで話し合う。　［　　］

③ 先人のまねに過ぎないと□されてしまった。　［　　］

④ 選挙で政策の□を問おう。　［　　］

⑤ 作者の思いこそが、この作品が今も愛される□である。　［　　］

⑥ 問題を□化するような表現はさけよう。　［　　］

⑦ 化石燃料を輸入に□している。　［　　］

⑧ 高齢者雇用《こうれいしゃこよう》を□する。　［　　］

⑨ 欲《ほ》しいものを手に入れてご□だ。　［　　］

⑩ 物事は□して考えるべきだ。　［　　］

ア 恩讐《おんしゅう》　イ 所以《ゆえん》　ウ 矮小《わいしょう》

エ 包括《ほうかつ》　オ 促進《そくしん》　カ 依存《いそん》

キ 是非《ぜひ》　ク 看破　ケ 俯瞰《ふかん》

コ 満悦《まんえつ》

❷ カタカナ語について、あとの問いに答えなさい。［54点］

問1 次の語の反対の意味のカタカナ語を、あとからそれぞれ一つ選び、記号で答えなさい。（3点×7）

① ローカル 〔　　〕
② マイノリティ 〔　　〕
③ ポジティブ 〔　　〕
④ マクロ 〔　　〕
⑤ アマチュア 〔　　〕
⑥ メンタル 〔　　〕
⑦ アウトバウンド 〔　　〕

ア グローバル　イ ミクロ
ウ マジョリティ　エ ネガティブ
オ フィジカル　カ インバウンド
キ プロフェッショナル

問2 次のカタカナ語に似た意味の語を、あとからそれぞれ一つ選び、記号で答えなさい。（3点×3）

① テーマ　意味 主題。〔　　〕
② バイアス　意味 偏見《へんけん》。〔　　〕
③ ユニークネス　意味 独自性。〔　　〕

ア ステレオタイプ　イ オリジナリティ
ウ コンセプト

問3 次の□にあてはまるカタカナ語を、あとからそれぞれ一つ選び、記号で答えなさい。（3点×8）

① SNS投稿《とうこう》への□な反応を見て落ち込《こ》む。〔　　〕
② 一冊の本が人々の□をシフトさせた。〔　　〕
③ 企業《きぎょう》の□に対する意識が問われている。〔　　〕
④ 社会の□といわれる人々の作品に心ひかれる。〔　　〕
⑤ 勉強する□が上がらない。〔　　〕
⑥ さまざまな事態を想定して□を行った。〔　　〕
⑦ ボランティア活動が自分の□になった。〔　　〕
⑧ 思春期は□の期間であるといわれている。〔　　〕

ア シミュレーション　イ モチベーション
ウ アウトサイダー　エ コンプライアンス
オ アイデンティティ　カ モラトリアム
キ ネガティブ　ク パラダイム

OUTPUT! 51 対義語 ❶

❶ 次の語の組み合わせが対義語の関係になるように、□に合う漢字を書きなさい。

例 不便 ↕ 便**利**

① 男性 ↕ □性

② 加害 ↕ □害

③ 長所 ↕ □所

④ 与党《よとう》 ↕ □党

⑤ 当選 ↕ □選

⑥ 支流 ↕ □流

⑦ 好評 ↕ □評

⑧ 落第 ↕ □第

⑨ 無理 ↕ □理

⑩ 凶作《きょうさく》 ↕ □作

⑪ 否決 ↕ □決

⑫ 陽気 ↕ □気

⑬ 平凡《へいぼん》 ↕ □凡

⑭ 絶対 ↕ □対

⑮ 上手 ↕ □手

⑯ 北極 ↕ □極

⑰ 和風 ↕ □風

---

⑱ 直接 ↕ □接

⑲ 特殊《とくしゅ》 ↕ 一□

⑳ 祖先 ↕ 子□

㉑ 分解 ↕ 合□

㉒ 垂直 ↕ 水□

㉓ 動揺《どうよう》 ↕ 安□

㉔ 光明 ↕ 暗□

㉕ 節約 ↕ 浪《ろう》□

㉖ 利息 ↕ 元□

㉗ 好転 ↕ 悪□

㉘ 悲哀《ひあい》 ↕ 歓《かん》□

㉙ 集中 ↕ 分□

㉚ 従属 ↕ 支□

㉛ 郊外《こうがい》 ↕ 都□

㉜ 晩成 ↕ 早□

㉝ 貧困《ひんこん》 ↕ 裕《ゆう》□

答えと解き方⬇別冊27ページ

ちょこっとインプット

Li-51

ヒント
対義語には正反対の意味の漢字が用いられることが多い。

❷ 次の語の組み合わせが対義語の関係になるように、□に合う漢字を書きなさい。

① 横断 ↕ □断
② 公転 ↕ □転
③ 自力 ↕ □力
④ 国立 ↕ □立
⑤ 清潔 ↕ □潔
⑥ 支店 ↕ □店
⑦ 子音 ↕ □音
⑧ 有象 ↕ □象
⑨ 失意 ↕ □意
⑩ 運航 ↕ □航
⑪ 当番 ↕ □番
⑫ 暗愚《あんぐ》 ↕ □明
⑬ 異性 ↕ □性
⑭ 既婚《きこん》 ↕ □婚
⑮ 害虫 ↕ □虫
⑯ 弔事《ちょうじ》 ↕ □事
⑰ 不況《ふきょう》 ↕ □況
⑱ 偶数《ぐうすう》 ↕ □数
⑲ 西洋 ↕ □洋
⑳ 有名 ↕ □名
㉑ 制服 ↕ □服
㉒ 整然 ↕ □然

㉓ 現世 ↕ □世
㉔ 軍縮 ↕ 軍□
㉕ 円満 ↕ 不□
㉖ 保守 ↕ 革□
㉗ 理性 ↕ 感□
㉘ 粗雑《そざつ》 ↕ 精□
㉙ 増加 ↕ 減□
㉚ 拡大 ↕ 縮□
㉛ 供給 ↕ 需《じゅ》□
㉜ 冷静 ↕ 興□
㉝ 複雑 ↕ 単□
㉞ 精神 ↕ 肉□
㉟ 具体 ↕ 抽《ちゅう》□
㊱ 苦痛 ↕ 快□
㊲ 創造 ↕ □倣《ほう》
㊳ 警戒《けいかい》 ↕ 油□
㊴ 総合 ↕ 分□
㊵ 成功 ↕ 失□
㊶ 全体 ↕ 部□
㊷ 敗北 ↕ 勝□
㊸ 軽率《けいそつ》 ↕ 慎《しん》□
㊹ 寒冷 ↕ 温□
㊺ 利益 ↕ 損□
㊻ 理想 ↕ 現□

らくらくマルつけ
La-51

OUTPUT!

52 対義語❷

❶ 次の語の組み合わせが対義語の関係になるように、□に合う漢字を書きなさい。

① 偶然《ぐうぜん》 ⇕ □然
② 誠実 ⇕ □実
③ 往路 ⇕ □路
④ 黒星 ⇕ □星
⑤ 肯定《こうてい》 ⇕ □定
⑥ 乗車 ⇕ □車
⑦ 消極 ⇕ □極
⑧ 能動 ⇕ □動
⑨ 安値 ⇕ □値
⑩ 満潮 ⇕ □潮
⑪ 発車 ⇕ □車
⑫ 曲線 ⇕ □線
⑬ 辞任 ⇕ □任
⑭ 開会 ⇕ □会
⑮ 動脈 ⇕ □脈
⑯ 私製 ⇕ □製
⑰ 幼虫 ⇕ □虫
⑱ 略式 ⇕ □式

⑲ 安全 ⇕ 危□
⑳ 未開 ⇕ 文□
㉑ 遺失 ⇕ 拾□
㉒ 束縛《そくばく》 ⇕ 解□
㉓ 親切 ⇕ 冷□
㉔ 団体 ⇕ 個□
㉕ 手段 ⇕ 目□
㉖ 破壊《はかい》 ⇕ 建□
㉗ 気弱 ⇕ 気□
㉘ 秘密 ⇕ 公□
㉙ 基本 ⇕ 応□
㉚ 後退 ⇕ 前□
㉛ 都会 ⇕ 田□
㉜ 不幸 ⇕ 幸□

答えと解き方➡別冊27ページ

ちょこっとインプット
Li-52

ヒント
対義語には、片方に否定的な意味の漢字（「否」「非」など）がふくまれているパターンもある。

❷ 次の語の組み合わせが対義語の関係になるように、□に合う漢字を書きなさい。

① 入場 ↕ □場
② 原告 ↕ □告
③ 硬化《こうか》 ↕ □化
④ 美名 ↕ □名
⑤ 右翼《うよく》 ↕ □翼
⑥ 一時 ↕ □時
⑦ 違法《いほう》 ↕ □法
⑧ 異常 ↕ □常
⑨ 赤字 ↕ □字
⑩ 委細 ↕ □略
⑪ 筆算 ↕ □算
⑫ 遠心 ↕ □心
⑬ 軽傷 ↕ □傷
⑭ 公海 ↕ □海
⑮ 向上 ↕ □下
⑯ 喜劇 ↕ □劇
⑰ 満席 ↕ □席
⑱ 広義 ↕ □義
⑲ 敵意 ↕ □意
⑳ 進化 ↕ □化
㉑ 予習 ↕ □習
㉒ 冷遇《れいぐう》 ↕ □遇

㉓ 寡黙《かもく》 ↕ 多□
㉔ 延長 ↕ 短□
㉕ 近隣《きんりん》 ↕ 遠□
㉖ 安堵《あんど》 ↕ 危□
㉗ 質素 ↕ 華《か》□
㉘ 求職 ↕ 求□
㉙ 疑念 ↕ 確□
㉚ 負債《ふさい》 ↕ 資□
㉛ 健康 ↕ 病□
㉜ 早退 ↕ 遅《ち》□
㉝ 受理 ↕ 却《きゃっ》□
㉞ 剥奪《はくだつ》 ↕ 付□
㉟ 平等 ↕ 差□
㊱ 理論 ↕ 実□
㊲ 敏捷《びんしょう》 ↕ 緩《かん》□
㊳ 在宅 ↕ 留□
㊴ 権利 ↕ 義□
㊵ 強制 ↕ 任□
㊶ 希薄《きはく》 ↕ 濃《のう》□
㊷ 善良 ↕ 邪《じゃ》□
㊸ 追跡《ついせき》 ↕ 逃《とう》□
㊹ 債権 ↕ 債□
㊺ 妥結《だけつ》 ↕ 決□
㊻ 威圧《いあつ》 ↕ 懐《かい》□

らくらくマルつけ
La-52

OUTPUT! 53

類義語 ❶

❶ 次の語の組み合わせが類義語の関係になるように、□に合う漢字を書きなさい。

例 興味―関［心］
① 企画《きかく》―□画
② 境遇《きょうぐう》―□境
③ 本意―□意
④ 感心―感□
⑤ 冷淡《れいたん》―□情
⑥ 判然―□然
⑦ 忠告―□言
⑧ 機知―機□
⑨ 推量―□測
⑩ 肝要《かんよう》―肝□
⑪ 異論―□議
⑫ 貢献《こうけん》―□与《よ》
⑬ 委細―□細
⑭ 対等―□角
⑮ 機敏《きびん》―□速
⑯ 欠点―□所
⑰ 発展―□展
⑱ 沈着《ちんちゃく》―□静
⑲ 出版―刊□
⑳ 手段―方□
㉑ 進退―去□
㉒ 美点―長□
㉓ 貧困《ひんこん》―貧□
㉔ 同意―賛□
㉕ 気質―気□
㉖ 一般《いっぱん》―普《ふ》□
㉗ 知己《ちき》―親□
㉘ 節約―□約
㉙ 達成―□行
㉚ 原因―理□
㉛ 差異―相□
㉜ 不意―突《とつ》□
㉝ 精進《しょうじん》―努□

ヒント
文をつくって入れ替《か》えられる熟語を探そう。たとえば、「興味がない」は「関心がない」と言い換《か》えても同じ文意になる。

答えと解き方⬇別冊28ページ

ちょこっとインプット
Li-53

❷ 次の語の組み合わせが類義語の関係になるように、□に合う漢字を書きなさい。

① 要素－□分
② 帰省－帰□
③ 親切－□意
④ 出世－□身
⑤ 有名－□名
⑥ 未来－□来
⑦ 返事－返□
⑧ 原料－□料
⑨ 結合－合□
⑩ 未開－□始
⑪ 進歩－□上
⑫ 結果－結□
⑬ 風景－□景
⑭ 消息－□信
⑮ 忍耐《にんたい》－□慢《まん》
⑯ 用意－□備
⑰ 自然－□然
⑱ 効用－効□
⑲ 不作－□作
⑳ 不足－□乏《ぼう》
㉑ 理解－□得
㉒ 天命－□命

㉓ 志願－志□
㉔ 内容－実□
㉕ 他界－死□
㉖ 天気－天□
㉗ 意見－見□
㉘ 不満－不□
㉙ 冷酷《れいこく》－非□
㉚ 容易－□易
㉛ 原因－動□
㉜ 失意－失□
㉝ 承諾《しょうだく》－承□
㉞ 質問－質□
㉟ 決心－決□
㊱ 合点《がってん》－承□
㊲ 誠意－真□
㊳ 所有－所□
㊴ 寛容《かんよう》－寛□
㊵ 特殊《とくしゅ》－例□
㊶ 好意－親□
㊷ 祖先－先□
㊸ 名誉《めいよ》－光□
㊹ 情勢－□勢
㊺ 傾向《けいこう》－風□
㊻ 便利－重□

らくらくマルつけ
La-53

OUTPUT! 54 類義語 ②

1 次の語の組み合わせが類義語の関係になるように、□に合う漢字を書きなさい。

① 書面―□紙
② 外国―□国
③ 真実―真□
④ 規則―規□
⑤ 母国―□国
⑥ 体験―□験
⑦ 不安―□配
⑧ 任務―□命
⑨ 納得《なっとく》―□解
⑩ 発展―□歩
⑪ 未然―□前
⑫ 組織―□構
⑬ 活用―□用
⑭ 努力―□勉
⑮ 完全―□欠
⑯ 快活―□朗
⑰ 異論―異□
⑱ 過当―過□

---

⑲ 重要―重□
⑳ 応対―応□
㉑ 改良―改□
㉒ 概念《がいねん》―□念
㉓ 温順―□順
㉔ 形見―遺□
㉕ 確保―堅《けん》□
㉖ 着実―□実
㉗ 辞任―辞□
㉘ 限界―限□
㉙ 激賞―絶□
㉚ 次第《しだい》―順□
㉛ 収入―所□
㉜ 危篤《きとく》―重□
㉝ 委託《いたく》―委□
㉞ 瞬時《しゅんじ》―瞬□

ヒント
類義語の組み合わせには「本意―真意」のように、同じ漢字が一字ふくまれていることも多い。

答えと解き方⇒別冊28ページ

ちょこっとインプット
Li-54

❷ 次の語の組み合わせが類義語の関係になるように、□に合う漢字を書きなさい。

① 技量―□腕《わん》

② 慣習―□慣

③ 設備―□設

④ 責務―責□

⑤ 権威《けんい》―□家

⑥ 回想―□憶《おく》

⑦ 昨年―□年

⑧ 熟読―□読

⑨ 縁者《えんじゃ》―□類

⑩ 移転―転□

⑪ 献身《けんしん》―□力

⑫ 好調―□調

⑬ 催促《さいそく》―□促

⑭ 当然―□然

⑮ 気品―品□

⑯ 細心―□密

⑰ 安全―□事

⑱ 廉価《れんか》―□価

⑲ 自負―自□

⑳ 記名―□名

㉑ 負担―□荷

㉒ 由緒《ゆいしょ》―□歴

㉓ 実直―律《りち》□

㉔ 思慮《しりょ》―分□

㉕ 参拝―□詣《けい》

㉖ 失望―落□

㉗ 遺憾《いかん》―残□

㉘ 消失―消□

㉙ 参照―参□

㉚ 中途《ちゅうと》―途□

㉛ 専心―没《ぼっ》□

㉜ 刻限―□刻

㉝ 空想―想□

㉞ 高慢《こうまん》―自□

㉟ 機能―作□

㊱ 最善―最□

㊲ 多彩《たさい》―多□

㊳ 信頼《しんらい》―信□

㊴ 挙動―動□

㊵ 明細―内□

㊶ 得手―得□

㊷ 世論―民□

㊸ 道徳―倫《りん》□

㊹ 履《り》歴―□歴

㊺ 関与《かんよ》―介《かい》□

㊻ 滋《じ》養―□養

らくらくマルつけ
La-54

／100点

答えと解き方⬇別冊29ページ

❶ 次の文章を読んで、あとの問いに答えなさい。［40点］

歴史は、人間の行動や思考を理解する上で重要な役割を担《にな》っています。古代ローマの歴史家が「歴史は繰《く》り返す」ということばを残したように、①過去に起きたできごとが、同じような経緯《けいい》をたどって再び起こることがしばしばあります。歴史研究では、過去の出来事や人物、社会制度、文化、科学技術などを研究し、分析《ぶんせき》することで、現代や将来における問題やその解決方法を導くヒントを得ることができます。

歴史研究を行うときに忘れてはならないのは、歴史を解釈《かいしゃく》するさまざまな視点が存在することです。研究者の立場や、研究を行っている時代背景によって、同じ出来事に対する評価が異なることがあります。かつて②汚名《おめい》を受けた政治家が、後の世で再評価されるといったことがよくあるのです。こうした点を考慮《こうりょ》して、忍耐《にんたい》強く③慎重《しんちょう》に史料にあたっていく④努力が⑤肝要《かんよう》なのです。

また、歴史から人間の思考を読み取るには、⑥多面的な思考や深い洞察力《どうさつりょく》が求められます。それは研究者の個人的な⑦手腕《しゅわん》にかかっている部分が大きいといえるでしょう。ときには、身近な他者や自分自身の⑧体験が、歴史上の人物の理解につながることもあるかもしれません。

（書き下ろし）

問1 ――線部①「過去」の対義語を、文中から二字で抜《ぬ》き出しなさい。（5点）

問2 ――線部②「汚名」、③「慎重」、⑥「多面」の対義語を［　］から選んで、漢字で書きなさい。（5点×3）

はんめん　けいきょ　びめい
いちめん　けいそつ　しゅうめい

②　③　⑥

問3 ――線部④「努力」、⑤「肝要」、⑦「手腕」の類義語を［　］から選んで、漢字で書きなさい。（5点×3）

ぎりょう　かんじん　しゅしょう
どりょう　しょうじん　ようやく

④　⑤　⑦

問4 ――線部⑧「体験」の類義語として適切なものを、次の中から一つ選び、記号で答えなさい。（5点）

ア 実験　イ 治験　ウ 経験　エ 試験

［　　］

❷ あとの問いに答えなさい。【60点】

問1 次の熟語の対義語をつくります。□に合う漢字を書きなさい。また、（　）に読みがなを書きなさい。（1点×30）

① 絶対（　）↕ □対（　）
② 暗愚（　）↕ □明（　）
③ 弔事（　）↕ □事（　）
④ 増加（　）↕ 減□（　）
⑤ 円満（　）↕ □和（　）
⑥ 粗雑（　）↕ □密（　）
⑦ 略式（　）↕ □式（　）
⑧ 受理（　）↕ □下（　）
⑨ 未開（　）↕ □明（　）
⑩ 委細（　）↕ 概□（　）

問2 次の熟語の類義語をつくります。□に合う漢字を書きなさい。また、（　）に読みがなを書きなさい（1点×30）

① 機敏（　）― □速（　）
② 達成（　）― □行（　）
③ 他界（　）― □去（　）
④ 消息（　）― 音□（　）
⑤ 熟読（　）― □読（　）
⑥ 快活（　）― □朗（　）
⑦ 危篤（　）― □態（　）
⑧ 失望（　）― □胆（　）
⑨ 回想（　）― □憶（　）
⑩ 挙動（　）― 動□（　）

らくらく
＼マルつけ／
La-55

OUTPUT! 56

三字熟語①

答えと解き方⬇別冊29ページ

ちょこっとインプット
Li-56

❶ 三字熟語について、あとの問いに答えなさい。

問1 次の三字熟語の□に合う漢字を書きなさい。

① 序破□
② 雪月□
③ 松竹□
④ 天地□
⑤ 真善□
⑥ 高飛□
⑦ □念場
⑧ 金輪□
⑨ 生半□
⑩ 醍醐《だいご》□
⑪ 無作□
⑫ 両成□
⑬ 野放□
⑭ 風物□
⑮ 老婆《ろうば》□
⑯ 破天□
⑰ 試金□
⑱ 並大□
⑲ □本人
⑳ 怪《かい》気《き》□

問2 次の三字熟語の意味を、あとからそれぞれ一つ選び、記号で答えなさい。

① 五月雨《さみだれ》 〔　　〕
ア 終わりが見えない。 イ 量が多い。
ウ 断続的であるさま。 エ 寒々しい。

② 袋小路《ふくろこうじ》 〔　　〕
ア 視野が狭《せま》い。 イ 何ごとも簡単にはいかない。
ウ 金遣《かねづか》いが荒《あら》い。 エ 物事が行き詰《づ》まる状態。

③ 仏頂面《ぶっちょうづら》 〔　　〕
ア やさしげな顔。 イ おそろしい顔。
ウ 無愛想な顔。 エ 不安げな顔。

④ 一里塚《いちりづか》 〔　　〕
ア 遠い将来のこと。 イ 目標への通過点。
ウ 運命の分かれ目。 エ 手がかりとなるもの。

ヒント
漢字の修飾《しゅうしょく》関係《かんけい》から意味を考えてみよう。

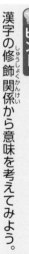

❷ 三字熟語について、あとの問いに答えなさい。

問1 次の三字熟語の□に合う漢字を書きなさい。

① 門外□
② 野次□
③ 感無□
④ 千秋□
⑤ 大黒□
⑥ 千里□
⑦ 真骨□
⑧ 雰囲《ふんい》□
⑨ 鉄面□
⑩ 無頓《むとん》□
⑪ 能天□
⑫ 無尽《むじん》□
⑬ 未曾《みぞ》□
⑭ 一家□
⑮ 日和《ひより》□
⑯ 青写□
⑰ □天井《てんじょう》
⑱ 有頂《うちょう》□
⑲ 用人□
⑳ 半可□
㉑ 天王□
㉒ 知情□
㉓ 千鳥□
㉔ 善後□

問2 次の三字熟語の意味を、あとからそれぞれ一つ選び、記号で答えなさい。

① 間一髪《かんいっぱつ》　［　　］

ア 事態が非常に差し迫《せま》っていること。
イ 非常に短いあっという間の時間。
ウ 怒《おこ》りっぽく気が短いこと。
エ とても窮屈《きゅうくつ》な場所のこと。

② 下馬評　［　　］

ア よい評判。　イ 世間での勝手な評判。
ウ 悪い評判。　エ 人気がないこと。

③ 紅一点　［　　］

ア たった一つある弱点。
イ 一つだけ目立っているもの。ただ一人の男性。
ウ 一つだけ目立っているもの。ただ一人の女性。
エ 最後の仕上げのこと。

④ 金字塔《きんじとう》　［　　］

ア 偉大《いだい》な業績。　イ 貴重な遺物。
ウ 豪華《ごうか》な建物。　エ 莫大《ばくだい》な財産。

OUTPUT!

57 三字熟語②

❶ 三字熟語について、あとの問いに答えなさい。

問1 次の三字熟語の□に合う漢字を書きなさい。

① 殺風□
② 無造□
③ 白昼□
④ 不退□
⑤ 絵空□
⑥ 氏《うじ》素《す》□
⑦ 一□羅《ら》
⑧ 一目□
⑨ 十八□
⑩ 二枚□
⑪ 百人□
⑫ 反比□
⑬ 野放□
⑭ 風物□
⑮ □大成
⑯ 音《おと》□汰《た》
⑰ 親分□
⑱ □見《み》鶏《どり》
⑲ 先入□
⑳ □一重

問2 次の三字熟語の意味を、あとからそれぞれ一つ選び、記号で答えなさい。

① 閑《かん》古《こ》鳥《どり》 〔　　〕
ア 古めかしくてみすぼらしい様子。
イ 物《もの》さびしいさま。商売がうまくいかない様子。
ウ さわがしくうっとうしい人。
エ 趣《おもむき》がなく味気ない様子。

② 几帳面《きちょうめん》 〔　　〕
ア もののしい様子。
イ きちんとしている様子。
ウ 怒《おこ》っている顔。
エ たどたどしい様子。

③ 好事家《こうずか》 〔　　〕
ア 裕福《ゆうふく》な人。
イ 心が広い人。
ウ もの好きな人。
エ 頼《たよ》りない人。

ヒント
漢字の修飾《しゅうしょく》関係《かんけい》から意味を考えてみよう。

ちょこっとインプット
Li-57

答えと解き方⬇別冊30ページ

❷ 三字熟語について、あとの問いに答えなさい。

問1 次の三字熟語の□に合う漢字を書きなさい。

① 太鼓《たいこ》□

② 小細□

③ 守銭□

④ 新天□

⑤ 審美《しんび》□

⑥ 禅問《ぜんもん》□

⑦ 正攻《せいこう》□

⑧ 走馬□

⑨ 大団□

⑩ 太平□

⑪ 立往《たちおう》□

⑫ 多数□

⑬ 長広□

⑭ □行線

⑮ 唐変《とうへん》□

⑯ 独擅《どくせん》□

⑰ 泥仕《どろじ》□

⑱ 百面□

⑲ 居丈《いたけ》□

⑳ 無礼□

㉑ 熱血□

㉒ 登竜《とうりゅう》□

㉓ □亡人

㉔ 朴念《ぼくねん》□

問2 次の三字熟語の意味を、あとからそれぞれ一つ選び、記号で答えなさい。

① 土壇場《どたんば》　〔　　〕

ア 決断を迫《せま》られる重要な場面。
イ 実力を発揮できる得意な分野や場面。
ウ 長びいて事態が変化しなくなってしまった場面。
エ 気まずくていたたまれないような場面。

② 長丁場　〔　　〕

ア 仕事などがはかどること。
イ 仕事などがうまくいかないこと。
ウ 仕事などが長くかかること。
エ 仕事などを先延ばしにすること。

③ 生返事　〔　　〕

ア 威勢《いせい》がよいが気持ちのこもっていない返事。
イ いいかげんで適当な返事。
ウ はっきりとした気持ちのよい返事。
エ 想定していたとおりのありきたりの返事。

④ 猪口才《ちょこざい》　〔　　〕

ア 気が利《き》くこと。
イ お節介《せっかい》なこと。
ウ ずるがしこいこと。
エ 生意気なこと。

らくらく マルつけ

La-57

OUTPUT! 58 四字熟語①

❶ 四字熟語について、あとの問いに答えなさい。

問1 次の四字熟語の意味を、あとからそれぞれ一つ選び、記号で答えなさい。

① 弱肉強食　［　　］
ア 弱者が強者に打ち勝つこと。
イ 弱者と強者がともに戦うこと。
ウ 弱者が強者のえじきになること。
エ 弱者が強者のふりをすること。

② 夏炉冬扇《かろとうせん》　［　　］
ア 時節に合った風流なもの。
イ 一年を通して変わらない様子。
ウ 冬が長引くこと。
エ 時節に合わない無用なもの。

③ 空前絶後　［　　］
ア 絶句すること。
イ 非常に優《すぐ》れていること。美しい様子。
ウ 物事がすたれてしまっている様子。
エ 非常に珍《めずら》しく、例がないこと。

問2 次の四字熟語の□に合う漢字を書きなさい。

① 十人十□
② 以心伝□
③ 縦横無□
④ 晴耕雨□
⑤ 切磋琢《せっさたく》□
⑥ □中模索《ちゅうもさく》
⑦ 泰然自《たいぜんじ》□
⑧ 八方美□
⑨ 二束三□
⑩ 猪突猛《ちょとつもう》□
⑪ 馬耳東□
⑫ 百発百□
⑬ 優柔不《ゆうじゅうふ》□
⑭ 剛毅《ごうき》□断《だん》
⑮ 一言半□
⑯ 片言隻《へんげんせき》□
⑰ 一騎当《いっきとう》□
⑱ 針小□大

ヒント 反対の意味や似た意味の四字熟語は、漢字の修飾関係《しゅうしょくかんけい》が似ていることが多い。

答えと解き方➡別冊30ページ

ちょこっとインプット Li-58

❷ 四字熟語について、あとの問いに答えなさい。

問1 次の四字熟語の意味を、あとからそれぞれ一つ選び、記号で答えなさい。

① 悪戦苦闘《あくせんくとう》　［　　］

ア　ためらわずにひきょうな手を使うこと。
イ　困難な状況《じょうきょう》の中で苦しみながら努力すること。
ウ　困難から逃《のが》れられずに苦しむこと。
エ　大げさに苦しいふりをすること。

② 粉骨砕身《ふんこつさいしん》　［　　］

ア　ぼろぼろで原型がわからない状態になること。
イ　細かくもらすことなく分類すること。
ウ　親身になって相談にのること。
エ　全力を尽《つ》くして努力すること。

③ 絶体絶命　［　　］

ア　体や命をかけて必死で戦うこと。
イ　追い詰《つ》められ、逃れられなくなること。
ウ　厳しい態度で激しく追及《ついきゅう》すること。
エ　軽薄《けいはく》で調子に乗っていること。

問2 次の四字熟語の□に合う漢字を書きなさい。

① 奇奇怪《ききかい》□
② 権謀術《けんぼうじゅっ》□
③ 理路整□
④ 不要不□
⑤ 佳人薄《かじんはく》□
⑥ 才子多□
⑦ 抱腹絶《ほうふくぜっ》□
⑧ 臨機応□
⑨ 付和雷《ふわらい》□
⑩ 和洋折□
⑪ 離合集《りごうしゅう》□
⑫ 快刀乱□
⑬ 玉石混□
⑭ 換《かん》□奪胎《だったい》
⑮ 我田引《がでんいん》□
⑯ 疑心暗□
⑰ 百家争□
⑱ 議論百□
⑲ 破顔一□
⑳ 利害得□
㉑ 不撓不《ふとうふ》□
㉒ □学多才
㉓ 一望□里
㉔ 比翼《ひよく》□理《り》

らくらくマルつけ
La-58

OUTPUT! 59

四字熟語②

❶ 四字熟語について、あとの問いに答えなさい。

問1 次の四字熟語の意味を、あとからそれぞれ一つ選び、記号で答えなさい。

① 厚顔無恥《こうがんむち》 ［　　］

ア 厚かましく、恥《はじ》を知らないさま。
イ どんな状況《じょうきょう》でも堂々としているさま。
ウ だれに対してもやさしいさま。
エ だれにも知られていないさま。

② 空理空論 ［　　］

ア だれもが納得《なっとく》する理論。
イ でたらめにでっちあげた理論。
ウ 現実からかけ離《はな》れている意味のない理論。
エ 昔から持ち続けている理論。

③ 喜怒哀楽《きどあいらく》 ［　　］

ア 感情がすぐに移り変わること。気分屋。
イ 人生は何が起こるかわからないということ。
ウ さまざまな人が入り乱れている様子。
エ 人間のさまざまな感情のこと。

問2 次の四字熟語の□に合う漢字を書きなさい。

① 公明正□
② 奇想天《きそうてん》□
③ 広大無□
④ 虚虚実《きょきょじつ》□
⑤ 山紫水《さんしすい》□
⑥ 自画自□
⑦ 孤立無《こりつむ》□
⑧ 古今東□
⑨ 言行一□
⑩ 無《む》□乾燥《かんそう》
⑪ □竜点睛《りょうてんせい》
⑫ 臥薪嘗《がしんしょう》□
⑬ 大器晩□
⑭ 水魚之《すいぎょの》□
⑮ 竹馬之□
⑯ 一将万《いっしょうばん》□
⑰ 堅忍不《けんにんふ》□
⑱ 才《さい》□兼備《けんび》

ヒント
四字熟語は故事成語になっていることも多い。

答えと解き方⬇別冊31ページ

ちょこっとインプット
Li-59

❷ 四字熟語について、あとの問いに答えなさい。

問1 次の四字熟語の意味を、あとからそれぞれ一つ選び、記号で答えなさい。

① 一炊之夢《いっすいのゆめ》　［　　］

ア　食事をするのにも苦労するほど貧しいこと。
イ　初対面の人とすぐに打ち解けること。
ウ　文句が多い人。その様子。
エ　人生のはかなさのたとえ。

② 異口同音　［　　］

ア　多くの人の意見が割れること。
イ　多くの人にほめられること。
ウ　多くの人の意見が一致《いっち》すること。
エ　多くの人に注意されること。

③ 雲散霧消《うんさんむしょう》　［　　］

ア　物事があとかたもなく一時に消えてなくなること。
イ　動きが速く、捕《つか》まらないこと。
ウ　それまでの努力が無駄《むだ》になること。
エ　物事が一時に解決すること。

問2 次の四字熟語の□に合う漢字を書きなさい。

① 花鳥風□
② 勧善懲《かんぜんちょう》□
③ 意気揚《いきよう》□
④ 意気消□
⑤ 意味深□
⑥ 右往左□
⑦ 因果応□
⑧ 危急存□
⑨ 旧態依《きゅうたいい》□
⑩ 興味津《きょうみしん》□
⑪ 起承転□
⑫ 言語道□
⑬ 質実剛《しつじつごう》□
⑭ 人事不□
⑮ 支離滅《しりめつ》□
⑯ 青天白□
⑰ 電光石□
⑱ 海千山□
⑲ 群雄《ぐんゆう》□拠《きょ》
⑳ 暖衣飽《だんいほう》□
㉑ 虚心坦《きょしんたん》□
㉒ 唯我《ゆいが》□尊《そん》
㉓ 一刀□断
㉔ 時期□早

らくらくマルつけ
La-59

まとめのテスト⑪

／100点

答えと解き方⬇別冊31ページ

❶ 三字熟語について、あとの問いに答えなさい。［50点］

問1 次の□にあてはまる三字熟語を、あとからそれぞれ一つ選び、記号で答えなさい。（2点×8）

① □が田んぼに立っていた。［　　］

② 読書の□を味わう。［　　］

③ ファンタジー作品の□といえばあの作品だろう。［　　］

④ 法律には□なので、詳《くわ》しく教えてください。［　　］

⑤ □の物価《ぶっか》上昇《じょうしょう》についていけない。［　　］

⑥ 夏の□としてかき氷を楽しむ。［　　］

⑦ 嫌《いや》な予感がして□に逃《に》げ帰った。［　　］

⑧ この曲は私の□だ。［　　］

ア 十八番《おはこ》　イ 一目散　ウ 金字塔《きんじとう》
エ 醍醐味《だいごみ》　オ 案山子《かかし》　カ 門外漢
キ 風物詩　ク 青天井《あおてんじょう》

問2 次の三字熟語の□に合う漢字を書きなさい。（2点×17）

① □風景
② 鉄□皮
③ □骨頂
④ 感□量
⑤ □天気
⑥ □仕合
⑦ □広舌
⑧ 大□柱
⑨ □団円
⑩ 几《き》□面《めん》
⑪ □銭奴《せんど》
⑫ 雰《ふん》□気《き》
⑬ □空事
⑭ 白□夢
⑮ □馬灯
⑯ 不□転
⑰ □攻法《こうほう》

❷ 四字熟語について、あとの問いに答えなさい。〔50点〕

問1 次の□にあてはまる四字熟語を、あとからそれぞれ一つ選び、記号で答えなさい。（2点×8）

① □の早業《はやわざ》でオムレツが出来上がった。〔　　〕

② よい考えがうかばず□だ。〔　　〕

③ 物語をつくるときは□をはっきりさせて書こう。〔　　〕

④ 選挙の舞台裏《ぶたいうら》では□の駆《か》け引きが行われていた。〔　　〕

⑤ □なアイデアにあっと言わされる。〔　　〕

⑥ □する大衆にはなりたくない。〔　　〕

⑦ 親友とは□の間柄《あいだがら》だ。〔　　〕

⑧ ライバルと□し合う。〔　　〕

ア 切磋琢磨《せっさたくま》　イ 以心伝心
ウ 起承転結　エ 暗中模索《あんちゅうもさく》
オ 電光石火　カ 虚虚実実《きょきょじつじつ》
キ 付和雷同《ふわらいどう》　ク 奇想天外《きそうてんがい》

問2 次の四字熟語の□に合う漢字を書きなさい。（2点×17）

① 馬耳□風
② 質《しっ》□剛健《ごうけん》
③ 一言□句
④ 言《げん》□一致《いっち》
⑤ □怒《ど》哀楽《あいらく》
⑥ 疑《ぎ》□暗鬼《あんき》
⑦ 議論□出
⑧ 理□整然
⑨ 青天□日
⑩ 雲《うん》□霧消《むしょう》
⑪ 山紫《さんし》□明《めい》
⑫ 粉《ふん》□砕身《さいしん》
⑬ 孤立《こりつ》□援《えん》
⑭ 自□自賛
⑮ 海千□千
⑯ 一《いっ》□万骨《ばんこつ》
⑰ 百発□中

らくらく
マルつけ
La-60

チャレンジテスト❶

／100点

答えと解き方⬇別冊32ページ

1 次の文章を読んで、あとの問いに答えなさい。［50点］

近ごろ、知り合いの①若い人に、「②情けは人のためならず、とはどういう意味か」と、きくと果然その半分は、「なまじ親切をかけると相手に甘《あま》えを生じさせて、かえって当人のためにならない、という意味でしょう」と答える。

「③いや、そうじゃない。人に親切にすると、めぐりめぐっていつの日か、自分にもよいむくいがくる、という意味だ」と、教えてやると、X釈然《しゃくぜん》としない顔をしている。

これなど、なんども新聞のコラムなどにとりあげられている例なのに、まだこの始末だ。これは相当に重症《じゅうしょう》である。そのうち国語辞典に、この正解のほうが第二解として出るようになるかもY知れない。

④しかし、Z言葉の誤解ないし誤用は面白い。ふだん私はそれを嘆《なげ》くより面白《おもしろ》がっている。だいいち、私自身が⑤うっかり誤用をやること⑥があり、どこが誤解だかわからない場合もある。

（山田風太郎《やまだふうたろう》「面白や　言葉の誤用」より）

問1 ――線部①〜⑥の品詞名を答えなさい。（5点×6）

①［　　］　②［　　］
③［　　］　④［　　］
⑤［　　］　⑥［　　］

問2 ――線部X「釈然としない」の文の成分にあたるものを、次の中から一つ選び、記号で答えなさい。（5点）

ア　主語（主部）　イ　述語（述部）
ウ　修飾語《しゅうしょくご》（修飾部）　エ　接続語（接続部）
オ　独立語（独立部）

［　　］

問3 ――線部Y「知れ」の活用形を答えなさい。（5点）

［　　形］

問4 ――線部Z「言葉の誤解ないし誤用」に関連して、次の――線部を正しい敬語に直してそれぞれ答えなさい。（5点×2）

(1) 社長、お客様がお越《こ》しになられました。［　　］

(2) 母がよろしくとおっしゃっていました。［　　］

2 次の文章を読んで、あとの問いに答えなさい。[50点]

いつまでもうじうじしている自分が大嫌《だいきら》い。いつも強くなろうって決めるのに、気がつくと、すぐあたってしまったり、①甘《あま》えるてしまったり、いやだなあ。

ときがたつのは、すごくはやいです。私のまわりには、もうひでこおばさんも、おおばばもいないし、大好きだった私もいません。たとえば四年前とか三年前は、すっごく②たのしいた。毎日うきうきしていた。このギャップ、ちょっとひどいと思う。いやなこと数え上げて、不幸のパーセンテージを出そうとしたり、なんかわけのわからないことをしています。

思えば、私とっても不幸です。でもね、この前まではとても幸せだったんだ。こんなふうに、毎回毎回不幸がきて、幸せがきて、また不幸が……って③生きるていくのかなあ。でも、今の私を不幸にしているのは、だれかっていえば、幸せのときの私でしょう。そうすると、すごく矛盾《むじゅん》するけれど、今の不幸の私が幸せを感じ[X]させることになる。そうすると不幸の私にも感謝しなくてはいけないのかもしれない。

まあ、みんな私のわがままだと思えばいいんだけれど、そんな良い子では[Y]ないんだ。強く④なるば、へっちゃらなんだ、きっと。自分のことを一生懸命《いっしょうけんめい》やればいいんだ。

以上、少し⑤長いなりましたが、十六歳《さい》のときの日記の抜粋《ばっすい》です。

（角田光代《かくたみつよ》「16歳の、完全無欠と不完全」より）

問1 ――線部①～⑤を正しい活用形に直して、それぞれ答えなさい。（5点×5）

① [　　] ② [　　]
③ [　　] ④ [　　] ⑤ [　　]

問2 この文章から数詞を三つ抜《ぬ》き出して、それぞれ答えなさい。（5点×3）

[　　] [　　] [　　]

問3 ==線部X「させる」の助動詞の意味を、次の中から一つ選び、記号で答えなさい。（5点）

ア 受身　イ 自発　ウ 可能
エ 使役《しえき》　オ 希望　カ 打消

[　　]

問4 ==線部Y「ない」と同じ種類の「ない」を、次の――線部の中から一つ選び、記号で答えなさい。（5点）

ア お皿の中にはおかずがもうない。
イ ここは夏でもそれほど暑くない。
ウ つまらないことでけんかしてしまった。

[　　]

らくらくマルつけ
La-61

チャレンジテスト❷

／100点

答えと解き方⬇別冊32ページ

1 次の文章を読んで、あとの問いに答えなさい。［100点］

①グローバル化が進んだ現代社会では、多様な文化的背景をもつ人々の国境をこえた交流が活発になりました。

このことは、どんな人も②マイノリティの立場におかれる可能性が広がったともいえるかもしれません。外国に旅行するだけでも、ことばが通じず、買い物などで不利な立場に立たされることがあります。

少し③シミュレーションしてみましょう。買い物をして、会計の金額が高すぎる気がする、言葉が通じないとき、どんなふうに対応すればよいでしょうか？　簡単な英語なら通じるはずでしょうか？　しかし、それもまた一つの④ステレオタイプです。国や店によっては英語がほとんど通じない場所もあります。

あなたは、自分の⑤意見を⑥理解してもらうために、翻訳《ほんやく》アプリなどの便利なツールを使うことができるかもしれません。しかし、アプリを使える通信環境《つうしんかんきょう》が整っていないこともままあります。

紙と鉛筆《えんぴつ》で計算してみせてはどうでしょうか？　しかし、突然《とつぜん》紙と鉛筆を取り出しても、店員の人はA【藪《やぶ》から□】に感じるでしょう。意図が伝わらない可能性があります。自分が会計の金額に納得《なっとく》がいっていないことを、表情や身ぶりである程度伝えたほうがよいかもしれません。そのとき、あまりに攻撃的《こうげきてき》な態度だと、相手はかたくなな気持ちになってしまうかもしれません。最終的に⑦コンセンサスを得るためには、感じよくふるまう必要があるでしょう。

このように、短期的な滞在《たいざい》におけるちょっとしたトラブルでも、無数のB【試《し》□錯誤《さくご》】が必要になることが予想されます。しかも、こうした想像をすること自体に、異文化や普段《ふだん》と異なる状況《じょうきょう》についてのある程度の知識が求められるということもわかるでしょう。また、長期にわたって少数派の立場に立たされるということが、どれほど社会的に不利かが⑧リアルに感じられるかもしれません。

そして、外国にいなくても、生まれ育った国にいても、マイノリティの立場に立たされることは実はだれにでも起こりうるのです。価値観やライフスタイルが⑨多様化している現在、何がマイノリティとなるかは非常に不安定な状態です。

そんなとき、自分がC【真善□】とするものに固執《こしつ》するのではなく、状況に応じた機敏《きびん》で柔軟《じゅうなん》な対応がとれるように、常に他の文化や世界情勢へのアンテナを張って情報収集を怠《おこた》らないようにしたいものです。

現代を生きていくうえで異文化との交流はさけられません。まちがったふるまいをすることを⑩やみくもにおそれるのではなく、まちがってしまってもすぐに襟《えり》を正して新たな解決策を模索《もさく》していく姿勢が、これから強く求められそうです。

（書き下ろし）

問1 ――線部①「グローバル」、②「マイノリティ」、⑧「リアル」の反対の意味のカタカナ語をそれぞれ答えなさい。（9点×3）

①［　　　　　　］　②［　　　　　　］

⑧［　　　　　　］

問2 ――線部③「シミュレーション」、⑦「コンセンサス」の意味として適切なものを、次の中からそれぞれ一つ選び、記号で答えなさい。（7点×2）

ア　議論の開始　イ　利害の一致《いっち》　ウ　水平思考

エ　意見の合致　オ　模擬実験《もぎじっけん》

③［　　　］　⑦［　　　］

問3 ――線部④「ステレオタイプ」と似た意味のカタカナ語を四字で答えなさい。（7点）

□□□□

問4 ――線部⑤「意見」と似た意味の熟語として適切なものを、次の中から一つ選び、記号で答えなさい。（7点）

ア　卓見《たっけん》　イ　見聞　ウ　見解　エ　見当　［　　　］

問5 ――線部⑥「理解」と似た意味の熟語として適切なものを、次の中から一つ選び、記号で答えなさい。（7点）

ア　獲得《かくとく》　イ　会得《えとく》　ウ　分析《ぶんせき》　エ　解読　［　　　］

問6 A【藪から□】、B【試□錯誤】、C【真善□】の□にあてはまる漢字一字をそれぞれ答えなさい。（7点×3）

A□　B□　C□

問7 ――線部⑨「多様化」の反対の意味の三字熟語を答えなさい。（7点）

□□□

問8 ――線部⑩「やみくもにおそれる」に関連して、次の問いに答えなさい。（5点×2）

(1) 次の説明に合う故事成語を、あとから一つ選び、記号で答えなさい。

> 心配無用なのに心配すること。天がくずれ落ちるのではないかと心配した人がいたという中国古代の伝承に由来する。

ア　権謀術数《けんぼうじゅっすう》　イ　蛇足《だそく》　ウ　漁夫之利《ぎょふのり》　エ　杞憂《きゆう》　［　　　］

(2) 「慎重《しんちょう》に行動する」という意味のことわざを、次の中から一つ選び、記号で答えなさい。

ア　石橋を叩《たた》いて渡《わた》る　イ　三つ子の魂《たましい》百まで

ウ　井の中の蛙《かわず》　エ　三人寄れば文殊《もんじゅ》の知恵《ちえ》　［　　　］

らくらくマルつけ

La-62

□ 編集協力　㈱オルタナプロ　大木芙三子　平松佳子
□ 本文デザイン　土屋裕子（㈲ウエイド）
□ コンテンツデザイン　㈲Y-Yard

シグマベスト
アウトプット専用問題集
中学国語[文法・語句]

編　者　文英堂編集部
発行者　益井英郎
印刷所　岩岡印刷株式会社
発行所　株式会社文英堂
〒601-8121　京都市南区上鳥羽大物町28
〒162-0832　東京都新宿区岩戸町17
（代表）03-3269-4231

●落丁・乱丁はおとりかえします。

ΣBEST シグマベスト

アウトプット専用問題集

書いて定着

中学国語

文法・語句

答えと解き方

文英堂

1 文の成分

本冊4ページ

❶
問1 ① 8 ② 6 ③ 11 ④ 10
問2 ① 3 ② 4 ③ 5
問3 主語…私は 述語…押した
問4 ① イ ② ウ ③ オ ④ ア ⑤ エ ⑥ ア ⑦ ウ ⑧ エ ⑨ オ ⑩ イ ⑪ ア

❷
問1 ① 7 ② 8 ③ 11 ④ 11
問2 ① 4 ② 7 ③ 4 ④ 6
問3 主語…昨日は 述語…誕生日だった
問4 ① ウ ② ア ③ ウ ④ エ ⑤ オ ⑥ エ ⑦ イ ⑧ オ ⑨ エ ⑩ ア ⑪ イ ⑫ ウ

解き方

❶
問1 各文は次のように分けられます。
① 育て／て／い／た／アサガオ／が／咲《さ》い／た。
② まるで／夢／の／ような／気持ち／です。

問2 各文は次のように分けられます。
① さあ、／着がえて／出かけよう。
② 子どもが／泣きやんで／にっこりと／笑った
「泣きやむ」といった、**複数のことばが結びついて一つになった語（複合語）は一つの文節**とみなします。「泣き／やむ」のようには分けません。

問3 主語は「何が・だれが」にあたる文節、述語は「どうする」「どんなだ」などにあたる文節です。

❷
問1 各文は次のように分けられます。
① 彼《かれ》／は／英語／を／ぺらぺら／と／話す。
② 歩き／つかれ／た／ので、／少し／だけ／休み／たい。

問2 各文は次のように分けられます。
① 宇宙から／見ると、／地球は／青い。
② 本を／読んで／いたら／眠《ねむ》く／なって、／寝《ね》て／しまった。
②の「いる」や「しまう」のように前の動詞に意味をそえている補助語は、文節に分ける必要があります。「読んでいる」や「寝てしまう」のように「て」や「で」がはさまっていることが多いでしょう。

問4 ③「明日は」は「雨が降る」ときを**くわしく説明する文節なので、修飾語《しゅうしょくご》**です。②とちがって主語ではないことに注意しましょう。この文の主語は「雨が」です。
⑧「世界一周」が文の主語ではないことに注意しましょう。この文の主語は「それ」です。

2 文の組み立て

本冊6ページ

❶
問1 ① エ ② ア ③ イ ④ オ ⑤ ウ ⑥ ウ ⑦ エ ⑧ ア ⑨ オ ⑩ イ
問2 ① ア ② ウ ③ イ ④ オ ⑤ エ ⑥ エ ⑦ ア ⑧ イ
問3 ① ウ ② イ ③ ア

❷
問1 ① オ ② エ ③ ア ④ ウ ⑤ イ ⑥ エ ⑦ ア ⑧ オ ⑨ イ ⑩ ウ
問2 ① イ ② オ ③ ウ ④ エ ⑤ ア ⑥ エ ⑦ エ ⑧ イ
問3 ① イ ② ア ③ ウ ④ ウ ⑤ イ ⑥ ア ⑦ ウ ⑧ ア ⑨ イ ⑩ ア

解き方

❶

問1 ② 「春と」と「秋は」はどちらも主語を表す文節として対等な関係にあるので、並立《へいりつ》の関係です。

③ 実行して／みよう　という二文節に分けられ、「みよう」は「実行して」に「試《ため》しに」という意味をつけ加えているので、補助の関係です。

問2 **連文節とは連続する二つ以上の文節がまとまって一つの文節と同じはたらきをするもの**です。そのはたらきが主語であれば主部、述語であれば述部、修飾語《しゅうしょくご》であれば修飾部、接続語であれば接続部、独立語であれば独立部といいます。

問3 ① この文には「雨が降ったら」と「運動会は中止になる」という二つの主語・述語の組み合わせがあります。また、「雨が降ったら」は「運動会」が「中止になる」ことの条件を示す接続部としてのはたらきをしていて、「運動会は中止になる」と対等ではありません。よって、この文は複文です。

❷

問3 ① この文には「兄は中学生で」と「弟は小学生だ」という二つの主語・述語の組み合わせがあり、順序を入れ替《か》えても文の意味が変わらず、対等な関係にあります。よって、この文は重文です。

3 品詞

本冊8ページ

❶

問1 ① 自立語　② 付属語　③ 用言　④ 形容動詞　⑤ 連体詞　⑥ 副詞　⑦ 体言　⑧ 助動詞　⑨ 助詞

問2 ① オ　② ウ　③ キ　④ ケ　⑤ カ　⑥ エ　⑦ ウ　⑧ ク　⑨ コ　⑩ ア　⑪ イ

❷

問1 ① 名詞　② 形容詞　③ 連体詞　④ 副詞　⑤ 形容動詞　⑥ 接続詞　⑦ 動詞　⑧ 感動詞　⑨ 助動詞　⑩ 助詞

問2 ① エ　② ア　③ オ　④ キ　⑤ ク　⑥ コ　⑦ ウ　⑧ ケ　⑨ カ　⑩ ケ　⑪ エ　⑫ キ　⑬ ウ　⑭ イ　⑮ ク　⑯ ア

解き方

❶

問2 ① 「ゆっくり」は動詞の「話して」を修飾《しゅうしょく》していて活用がないので、「副詞」です。

② 「果てしなく」は活用があり、言い切りの形が「果てしない」となるので「形容詞」です。

③ 「いかなる」は活用がなく、名詞の「理由」を修飾しているので、「連体詞」です。

④ 「ので」は単独で文節をつくることができず、活用がないので「助詞」です。

⑤ 「だから」は単独で文節をつくることができ、前後の文をつなぐはたらきをしているので、「接続詞」です。

⑥ 「きれいな」は言い切りの形が「きれいだ」になるので「形容動詞」です。

❷

問2 ⑥ 「られ」は単独で文節をつくることができず、活用があるので「助動詞」です。

4 活用形

本冊10ページ

❶

問1 ① 用言 ② 動詞 ③ 形容動詞 ④ 助動詞 ⑤ 未然形 ⑥ 連用形 ⑦ 仮定形 ⑧ 終止形 ⑨ 体言 ⑩ 命令形

問2 ① 連体(形) ② 未然(形) ③ 連用(形) ④ 仮定(形) ⑤ 終止(形) ⑥ 未然(形) ⑦ 命令(形) ⑧ 連用(形) ⑨ 未然(形) ⑩ 連用(形) ⑪ 終止(形) ⑫ 連体(形) ⑬ 命令(形) ⑭ 連用(形) ⑮ 仮定(形) ⑯ 連体(形)

❷

問1 ① 未然(形) ② 未然(形) ③ 連用(形) ④ 終止(形) ⑤ 命令(形) ⑥ 連体(形) ⑦ 連用(形) ⑧ 仮定(形) ⑨ 連体(形) ⑩ 仮定(形) ⑪ 終止(形) ⑫ 連用(形) ⑬ 終止(形) ⑭ 命令(形) ⑮ 未然(形) ⑯ 連体(形) ⑰ 連用(形) ⑱ 仮定(形)

問2 ① なく ② たけれ ③ 寒かろ ④ まし ⑤ 悪かっ ⑥ ならえ ⑦ 暑く ⑧ 落とさ ⑨ 心細かろ ⑩ 向け

解き方

❷ 問1 ⑩ 形容動詞の仮定形は「ば」が省略されることがあります。

5 まとめのテスト❶

本冊12ページ

❶

問1 ① 文節の数…6 単語の数…10 ② 文節の数…5 単語の数…11

問2 ① エ ② ア ③ ウ ④ イ ⑤ オ

問3 ① ア・ウ ② イ・オ ③ エ・カ［すべて順不同］

問4 ①と③・②と③・④と⑤

❷

問1 ① ア ② エ ③ コ ④ ケ ⑤ イ ⑥ カ ⑦ オ ⑧ ウ ⑨ オ ⑩ ケ ⑪ キ ⑫ コ ⑬ エ ⑭ ア ⑮ ウ

問2 ① オ ② イ ③ ア ④ ウ ⑤ エ ⑥ ア ⑦ イ ⑧ カ ⑨ ア ⑩ イ ⑪ ア ⑫ エ ⑬ イ ⑭ オ ⑮ ウ

解き方

❶ 問1 各文を文節に分けると次のようになります。

① 彼《かれ》は／自分の／あやまちを／深く／反省して／いる。

② だまされたと／思って、／食べて／みて／ほしい。

単語に分けた場合は次のようになります。

① 彼／は／自分／の／あやまち／を／深く／反省し／て／いる。

② だまさ／れ／た／と／思っ／て、／食べ／て／み／て／ほしい。

問3 ① この文は**重文**です。「彼はマンガを読み」と「ぼくはゲームをする」という二つの主語・述語の関係があり、両者は**順序を入れ替《か》えても文の意味が変わらない**ので対等な関係にあります。これと同じく重文になっているものは、アとウです。

③ この文は**複文**です。「彼が言った」と「ことばが…傷つけた」という二つの主語・述語の関係

があり、「彼が言った」は「ことば」を修飾《しゅうしょく》する修飾部になっていて、「彼が言ったことばが」は全体として文の主部になっています。これと同じく複文になっているものは、エとカです。

問4 ①「ここから」と②「少し」はともに③「歩く」を修飾しており、④「大きな」は⑤「川が」を修飾しています。

❷
問2 ④ 文末の言い切りではありませんが、助詞「と」に連なっているので終止形になります。

6 動詞❶

本冊14ページ

❶
問1
① 似合う ② 解決された
③ 限らない ④ 帰国して
⑤ 打ち明けた ⑥ 春めいた
⑦ 取り調べる ⑧ した
⑨ すれば ⑩ 落とした
⑪ なった ⑫ 回復しない
⑬ 言えない ⑭ なくなった
⑮ 巻き込まれた
⑯ 引き返すのは

問2
① イ ② ウ ③ エ
④ ア ⑤ ウ ⑥ ア
⑦ イ ⑧ エ ⑨ ウ
⑩ イ ⑪ エ

❷
問1
① わく ② とめる
③ 散る ④ さまよう
⑤ しろ ⑥ 書こう
⑦ とる ⑧ かせぐのは
⑨ かいて ⑩ するべきだ
⑪ なった ⑫ つけば
⑬ あった ⑭ 目立たない
⑮ 書いた ⑯ なりそうだ
⑰ やり終えた ⑱ 来るらしい
⑲ 隠せない ⑳ 続く

問2
① ウ ② ア ③ ウ
④ エ ⑤ イ ⑥ エ
⑦ イ ⑧ ア ⑨ エ
⑩ ウ ⑪ イ ⑫ ア
⑬ ウ ⑭ ウ ⑮ エ

解き方

❶
問1 **言い切りの形がウ段の音**になるものが動詞です。

② 「解決され」は、言い切りの形が「解決する」なので動詞です。文節という指定があるので、付属語もふくめた「解決された」を抜《ぬ》き出します。

問2 ① 主語「私は」の述語です。

② 「習慣」の内容を説明しているので修飾語《しゅうしょくご》です。

③ 逆接の意味で次の文につながるので、接続語です。

④ 述語「大事だ」の主語になっています。

⑤ 「出かける」目的を説明しているので修飾語です。

⑥ 述語「成果だ」の主語になっています。

❷
問1 ⑤ 「しろ」は、言い切りの形が「する」なので動詞です。「泣き真似《まね》」は一語の名詞です。

⑥ 「書こ」は、言い切りの形が「書く」なので動詞です。「読みやすい」は一語の形容詞です。

⑦ 「とる」が動詞です。「忘れっぽい」は一語の形容詞です。

⑪ 「なっ」は、言い切りの形が「なる」なので動詞です。「忘れがたい」は一語の形容詞です。

7 動詞❷

本冊16ページ

❶
問1
① イ ② ア ③ オ
④ エ ⑤ ウ ⑥ ウ
⑦ エ ⑧ イ ⑨ ウ
⑩ ア ⑪ エ ⑫ イ
⑬ ア

問2
① マ行下一段活用
② バ行上一段活用

③ ラ行五段活用
④ サ行変格活用
⑤ カ行変格活用
⑥ ガ行五段活用
⑦ タ行上一段活用
⑧ ガ行下一段活用
⑨ ザ行上一段活用
⑩ ア行下一段活用
⑪ ラ行五段活用
⑫ サ行変格活用
⑬ カ行五段活用

❷

問1
① エ　② オ　③ ア
④ イ　⑤ ア　⑥ オ
⑦ ウ　⑧ イ　⑨ ウ
⑩ イ　⑪ ア　⑫ オ
⑬ ア　⑭ ウ

問2
① ウ・終止(形)　② イ・連用(形)
③ エ・連用(形)　④ ア・連体(形)
⑤ イ・仮定(形)　⑥ オ・未然(形)
⑦ エ・未然(形)　⑧ ウ・命令(形)

解き方

❶

問1 動詞の活用の種類は「ない」をつけて、その直前の音で判断します。直前の音がア段の音なら五段活用、イ段の音なら上一段活用、エ段の音なら下一段活用となります。例外として、「する」やその複合語はサ行変格活用、「来る」はカ行変格活用という特別な活用をします。また、「ある」は「あらない」とは言いませんが、五段活用の動詞です。

⑦「旅する」は、「旅」と「する」の複合語なので、サ行変格活用の動詞です。

❷

問1 先に選択肢《せんたくし》にある動詞の活用の種類を確認《かくにん》します。「ない」を付けると、アは「閉じ(イ段の音)ない」となるので上一段活用、イは「立た(ア段の音)ない」となるので五段活用、ウは「見え(エ段の音)ない」なので下一段活用です。エは言い切りの形が「来る」なのでカ行変格活用、オは「洗濯《せんたく》する」なのでサ行変格活用です。

8 動詞③

本冊18ページ

❶

問1
① ア　② ア　③ イ
④ イ　⑤ ア　⑥ イ
⑦ イ　⑧ ア　⑨ ア
⑩ イ　⑪ ア　⑫ ア
⑬ イ　⑭ イ　⑮ ア
⑯ イ

問2
① ○　② ×　③ ×
④ ○　⑤ ○　⑥ ×
⑦ ○　⑧ ○　⑨ ○
⑩ ×　⑪ ○　⑫ ×
⑬ ○　⑭ ×

❷

問1
① 起こす　② 流す
③ 破れる　④ 減らす
⑤ 立てる　⑥ 隠れる
⑦ 混ざる[混じる]　⑧ 温まる
⑨ 曲げる　⑩ 出す
⑪ 助かる　⑫ 終える
⑬ 重なる　⑭ 現す
⑮ 起こす　⑯ 進める
⑰ 溶かす　⑱ 上がる
⑲ 届ける　⑳ 過ごす

問2
① ×　② ○　③ ○
④ ○　⑤ ○　⑥ ×
⑦ ○　⑧ ○　⑨ ×
⑩ ×　⑪ ○　⑫ ×
⑬ ×　⑭ ○　⑮ ○

解き方

❶

問1 **自動詞は主語自身の動作や変化を表す動詞で、他動詞は主語の動作や作用が他におよぶ動詞**のことです。二つの大きなちがいは、「別のものにはたらきかけるかどうか」です。他動詞は、「〜を」という文節を受ける形が多く見られます。

問2 **可能動詞は「〜できる」という意味を表す動詞**で、五段活用動詞の未然形に助動詞の「れる・られる」がついて変化したものです。なお、五段活用以外の動詞に「れる・られる」がついたもの（「食べられる」など）は可能動詞とはよびません。

③「見える」は「（自然に）感じられる」という意味で、「見ることができる」という意味ではないので、可能動詞ではありません。

❷
問1 自動詞と他動詞には、「増える」と「増やす」のように、対応する語があることが多いです。

⑩「出る」は自動詞で、他動詞は「出す」になります。「家を」という文節を受けていますが、「出る」行為《こうい》は別のものにはたらきかけているわけではないので、自動詞です。「家を」は「出る」場所を表していて、「家から」と言い換《か》えられます。

9 形容詞

本冊20ページ

❶
問1
① 暖かかっ　② 青白く
③ 正しかっ　④ 重苦しい
⑤ ない　⑥ 激しく
⑦ ×　⑧ 疑わしい
⑨ 痛く　⑩ 甘い
⑪ ×　⑫ 濃く
⑬ 浅黒い　⑭ すごかっ
⑮ 強い

問2
① ウ　② イ　③ ウ
④ ア　⑤ ア　⑥ エ
⑦ イ　⑧ ウ　⑨ ウ
⑩ ア　⑪ エ

❷
問1
① 連体(形)　② 連用(形)
③ 仮定(形)　④ 終止(形)
⑤ 連用(形)　⑥ 仮定(形)
⑦ 連体(形)　⑧ 連用(形)
⑨ 未然(形)　⑩ 終止(形)
⑪ 連用(形)　⑫ 終止(形)
⑬ 未然(形)　⑭ 連用(形)
⑮ 仮定(形)　⑯ 連体(形)
⑰ 未然(形)　⑱ 連体(形)
⑲ 終止(形)　⑳ 連用(形)

問2
① ○　② 切なく
③ 安けれ　④ ○
⑤ 注意深く　⑥ はずかしかっ
⑦ ○　⑧ 深く
⑨ 多かろ　⑩ ○
⑪ 騒々しく　⑫ 苦しく
⑬ 狭けれ　⑭ 暗かっ
⑮ ○

解き方

❶
問1 **言い切りの形が「い」で終わるものが形容詞**です。⑤の「好きで」と⑦の「優秀《ゆうしゅう》な」はいずれも形容動詞です。

❷
問1 形容詞の活用形は、「う」に連なっていれば未然形、用言や「た」「て」「は」に連なっていれば連用形、文末で言い切っていれば終止形、体言に連なっていれば連体形、「ば」に連なっていれば仮定形、と判断します。命令形はありません。
また、形容詞が「ない」に連なるときは未然形ではなく連用形です。

⑪形容詞のあとで読点によって文が中止されている場合は連用形になり、このような用法を連用中止法といいます。

問2 ②「て」に連なっているので連用形にします。形容詞の連用形は、「て」や他の用言に連なるときは「〜く」と活用し、「た」に連なるときは、「〜かっ」と活用します。

⑤「観察すれ」という動詞（＝用言）に連なっているので連用形にします。「観察する」は名詞「観察」と動詞「する」の複合動詞なので、連体形にしないように注意しましょう。

10 形容動詞

本冊22ページ

❶
問1
① 熱心に ② なだらかな
③ 本当なら ④ 無関係だ
⑤ ささいな ⑥ ×
⑦ × ⑧ すてき
⑨ 明らかで ⑩ 具体的に
⑪ 強気な ⑫ にわかに
⑬ 抜群だっ ⑭ きらびやかな
⑮ 必要なら

問2
① エ ② ウ ③ ア
④ イ ⑤ ウ ⑥ エ
⑦ ウ ⑧ イ ⑨ ア
⑩ エ ⑪ ウ

❷
問1
① 仮定(形) ② 連用(形)
③ 連体(形) ④ 連用(形)
⑤ 終止(形) ⑥ 未然(形)
⑦ 仮定(形) ⑧ 終止(形)
⑨ 未然(形) ⑩ 連用(形)
⑪ 連体(形) ⑫ 終止(形)
⑬ 未然(形) ⑭ 連体(形)
⑮ 仮定(形) ⑯ 連用(形)
⑰ 未然(形) ⑱ 連用(形)
⑲ 仮定(形) ⑳ 連体(形)

問2
① 無事だっ ② 不要な
③ ○ ④ 無理なら
⑤ 簡潔に ⑥ 便利だろ
⑦ すこやかに ⑧ 手短に
⑨ のどかで ⑩ 不満だろ
⑪ 困難なら ⑫ 丁寧だっ

解き方

❶ 問1 **形容動詞は言い切りの形が「～だ」です。**
⑧ 言い切りの形が「すてきだ」となる形容動詞です。形容動詞は、活用させても変わらない部分(＝語幹)だけで言い切ることができます。

11 まとめのテスト❷

本冊24ページ

❶
問1
① イ ② ウ ③ イ
④ ア ⑤ ア ⑥ ウ
⑦ ア ⑧ イ ⑨ イ
⑩ ウ ⑪ ア

問2
① 暑い ② 素直だ
③ 手軽な ④ おいしい
⑤ 見る ⑥ 来る
⑦ いらない ⑧ 入れる
⑨ 書ける ⑩ 寒い
⑪ つぶらだ ⑫ 借りる
⑬ はじる ⑭ 会える
⑮ 砕ける

❷
問1
① サ行五段活用
② バ行下一段活用
③ サ行変格活用
④ ガ行上一段活用
⑤ ア行下一段活用
⑥ カ行変格活用
⑦ タ行五段活用
⑧ ラ行上一段活用
⑨ サ行変格活用

問2
① ○ ② 走れ
③ 好きで ④ ○
⑤ 反対し ⑥ よく
⑦ 聞こ ⑧ 必要なら
⑨ お金持ちだろ ⑩ へとへとに

解き方

❶ 問1 **言い切りの形から品詞を判断します。**アには「しなやかだ」という形容動詞が、イには「ひねる」や「流す」という動詞が、ウには「寒い」や「暖かい」という形容詞があります。
問2 ⑦「いらない」は動詞「いる」に助動詞「ない」がついた連語で、他は一語の形容詞です。
⑧「入れる」のみ他動詞で、他は自動詞です。

⑨「書ける」のみが可能動詞で、他は可能動詞ではありません。

12 名詞

本冊26ページ

❶

問1

①梅・花

②バッハ・音楽家

③時計・針・五時

④彼・ぼく・チーム

⑤本・こと

⑥考え

⑦私・家・猫・三匹

⑧先生・とおり

⑨アイドル・ファン・ほとんど・男性

［いずれも順不同］

問2

①ア　②イ　③ウ

④オ　⑤エ　⑥ウ

⑦エ　⑧ウ　⑨ア

⑩ウ　⑪イ

❷

問1

①イ　②ウ　③ア

④ア　⑤エ　⑥ア

⑦イ　⑧ウ　⑨エ

⑩オ　⑪ウ　⑫オ

⑬イ　⑭エ　⑮オ

⑯ア　⑰イ

問2

①○　②○　③×

④×　⑤○　⑥×

⑦○　⑧○　⑨×

⑩○　⑪○　⑫○

⑬○　⑭×　⑮×

解き方

❶

問1　名詞は人や物事の名前を表し、**普通名詞《ふつうめいし》・固有名詞・数詞・代名詞・形式名詞の五種類**があります。

⑧「勉強」は動詞「勉強する」の一部なので抜《ぬ》き出さないように注意しましょう。

❷

問1　②「三等」は順位を表す「数詞」です。

③「事実」は一般的《いっぱんてき》な名称《めいしょう》なので、「普通名詞」です。

⑤「それ」は人や物事の名称を言わずに指示しているので、「代名詞」です。「代名詞」は「私」や「あなた」などの人称《にんしょう》代名詞と、「これ」や「あれ」などの指示代名詞に分かれます。

⑩この文の「とき」は形式名詞です。ここでは「場合」や「状況《じょうきょう》」といった意味を表しており、本来の「時間」という意味を失っています。**形式名詞とはそのことばの本来の意味を失って、実質的な意味をもっていない名詞**のことです。形式名詞は単独では用いられず、つねに修飾《しゅうしょく》語《ご》をともないます。

問2　①この文の「ところ」は「宿題が終わった」時点を表し、本来の「場所」の意味を失っています。

②「〜したものだ」という形は過去をなつかしむ思いを示す決まった表現であり、「もの」は「物体」という本来の意味を失っています。

③この文の「こと」は修飾語をともなっておらず、「事態」という本来の意味を保っています。

④この文の「わけ」は修飾語をともなっておらず、「理由」という本来の意味を保っています。

⑤「はず」は本来「弓の両端《りょうたん》の、弦《つる》をかけるところ」の意味ですが、ここでは「道理」という意味です。

⑥この文の「ため」は修飾語をともなっていますが、「利益」という本来の意味を保っています。

⑦「ため」は本来「利益」や「役に立つこと」という意味ですが、ここでは「理由」や「原因」という意味を表しています。「ため」は他にも「目的」という意味も表しますが、その場合も形式名詞になります。

⑧この文の「〜うえに」は、「高い位置に」という本来の意味ではなく、「〜に加えて」という意味です。

⑨この文の「とき」は修飾語をともなっておらず、「時間」という本来の意味を保っています。

13 副詞

本冊28ページ

❶ 問1 ①はっきり ②とんとん ③ふと ④× ⑤まるで ⑥× ⑦今 ⑧かなり

問2 ①多い ②ゆっくり ③間 ④始めましょう ⑤解決して ⑥旅行が ⑦小さな

❷ 問1 ①イ ②ウ ③イ ④ア ⑤ウ ⑥ア ⑦イ ⑧ウ ⑨ア

問2 ①エ ②イ ③ア ④ウ ⑤カ ⑥オ ⑦キ

解き方

❶ 問1 ⑥「現在」の意味の「今」の品詞は名詞です。

⑦ここで使われる「今」は副詞で、「さらに」や「もう」などと同様の意味を表します。

❷ 問1 副詞は「状態の副詞」、「程度の副詞」、「呼応の副詞」の三つに分類されます。**「状態の副詞」**は動作の状態を表し、おもに動詞を修飾《しゅうしょく》します。**「程度の副詞」**は状態の程度を表し、おもに形容詞や形容動詞、副詞を修飾します。**「呼応の副詞」**は、「どうして～か」や「まったく～ない」のように、決まったことばと結びついて用いられる副詞です。

問2 ①仮定「たとえ」が「ても」に呼応します。

②推量「おそらく」が「だろう」に呼応します。

③打ち消し「少しも」が「ない」に呼応します。

④疑問「どうして」が「か」に呼応します。

⑤たとえ「まるで」が「ような」に呼応します。「まるで」は「ない」と呼応して「まったく～ない」という意味を表すこともあります。

⑥希望「どうか」が「ください」に呼応します。

⑦打ち消し推量「よもや」が「まい」に呼応します。

14 連体詞

本冊30ページ

❶ 問1 ①いろんな ②来る ③大きな ④あの ⑤× ⑥たいした ⑦あらぬ ⑧×

問2 ①A ②C ③C

❷ 問1 ①× ②× ③○ ④× ⑤○ ⑥○ ⑦○ ⑧× ⑨○ ⑩○

問2 ①B ②A ③B ④A

解き方

❶ 問1 連体詞は常に体言を修飾《しゅうしょく》し、活用のない語で、「～な」「～の」「～る」「～た(だ)」で終わる場合が多い語です。③「大きな」は「大きい」と形が似ていますが、形容詞は「～な」という活用はしないので、形容詞ではなく、連体詞です。

問2 ①Aが連体詞、BとCは動詞の「ある」です。

②Cの「小さな」が連体詞です。AとBは「小さい」という形容詞です。

③Cの「その」が連体詞です。Aの「それ」とBの「そこ」は代名詞です。

❷ 問1 ③「おかしな」は「小さな」「大きな」と同様に形容詞とまちがえやすい連体詞です。

問2 ②Bは形容動詞「いろいろだ」の連体形で、Cの「いろいろと」は用言を修飾する副詞です。

③Aの「どうして」は副詞で、Cの「どのような」は連体詞「どの」と助動詞「ようだ」の連体形

「ような」の連語です。
④ Bは名詞「例」と助動詞「だ」の連語で、Cは名詞「例」と助詞「に」の連語です。

15 接続詞

本冊32ページ

❶
問1 ① しかし ② × ③ あるいは ④ だから ⑤ すなわち ⑥ ところで ⑦ × ⑧ ×
問2 ① ウ ② カ ③ イ ④ オ ⑤ ア ⑥ キ

❷
問1 ① キ ② ウ ③ ア ④ カ ⑤ イ ⑥ エ ⑦ オ ⑧ ク
問2 ① ク ② キ ③ カ ④ ア ⑤ ウ ⑥ エ ⑦ オ ⑧ イ

解き方

❶
問1 **接続詞は文や文節同士をつなぐはたらきをし、単独で文節をつくる自立語**です。ほかの品詞が接続語として機能している場合と混同しないように注意しましょう。
② 「が」は逆接の接続助詞です。
⑦ 「ので」は理由を表す接続助詞です。
⑧ 「と」は順接の接続助詞で、「やがて」は副詞です。

16 感動詞

本冊34ページ

❶
問1 ① あれ ② おや ③ もしもし ④ おはよう ⑤ そう ⑥ はい ⑦ × ⑧ えい
問2 ① ウ ② オ ③ ア ④ エ ⑤ ア ⑥ イ

❷
問1 ① はあ ② なるほど ③ こら ④ やれやれ ⑤ × ⑥ さあ ⑦ それでは ⑧ ちょっと ⑨ すみません ⑩ ほら
問2 ① エ ② ア ③ ウ ④ ア ⑤ ウ ⑥ ア ⑦ オ ⑧ イ ⑨ イ

解き方

❶
問1 **感動詞は話者の感動を表現したり、相手によびかけたりするときなどに用います。単独で文節をつくる自立語で、つねに単独で独立語に**なります。
⑦ 「君」は、感動詞ではなく代名詞です。

❷
問1 ⑤ 「だれか」は感動詞ではなく代名詞です。

17 まとめのテスト❸

本冊36ページ

❶
問1 ① エ ② イ ③ ウ ④ ア
問2 ① B ② A
問3 ① イ ② ウ ③ ア
問4 ① ウ ② ア ③ エ ④ イ

❷
問1 ① イ ② ウ ③ イ ④ ア ⑤ エ ⑥ オ ⑦ ウ
問2 ① こんな ② ところで ③ あれ ④ 時々 ⑤ はい ⑥ 一応 ⑦ それゆえ ⑧ 富士山 ⑨ そして

解き方

❶

問2 形容詞や形容動詞は活用があり、連体詞は活用がないことに注意します。

① AとCはともに形容動詞の連体形です。

18 助動詞①

本冊38ページ

❶

問1 ① せる ② させ ③ せ ④ させれ

問2 ① なかっ ② なけれ ③ なく ④ なかろ ⑤ ない

問3 ① られ ② られ ③ られれ ④ れ ⑤ れる ⑥ れ ⑦ れ ⑧ られ ⑨ られ

❷

問1 ① B ② A ③ C ④ B ⑤ B

問2 ① エ ② ア ③ オ ④ ク ⑤ イ ⑥ カ ⑦ ウ ⑧ キ ⑨ エ ⑩ ウ ⑪ ク ⑫ キ

解き方

❶

問1 「せる」は五段活用とサ行変格活用の動詞の未然形につき、「させる」はそれ以外の動詞の未然形につきます。また、「せる・させる」は動詞の下一段活用と同じように活用します。

問2 「ない」は形容詞と同じ活用をします。

問3 「れる」は五段活用とサ行変格活用の動詞の未然形につき、「られる」はそれ以外の動詞の未然形につきます。また、「れる・られる」は動詞の下一段活用と同じように活用します。

❷

問1 「れる・られる」は受身・可能・自発・尊敬の四つの文法的意味があり、「う(よう)」には推量・意志の二つの文法的意味があります。

19 助動詞②

本冊40ページ

❶

問1 ① たがる ② たかっ ③ たく ④ たけれ

問2 ① だ ② た ③ たろ ④ だら ⑤ た ⑥ たろ

問3 ① ○ ② しかられ ③ ○ ④ させ ⑤ 来 ⑥ ○ ⑦ ○ ⑧ 風化させ ⑨ 見られ

❷

問1 ① D ② C ③ C ④ B ⑤ A

問2 ① キ ② イ ③ ウ ④ ケ ⑤ ク ⑥ オ ⑦ カ ⑧ ア ⑨ エ ⑩ ウ ⑪ オ ⑫ イ

解き方

❶

問1 「たい」と「たがる」はどちらも動詞や助動詞の連用形につき、「〜したい」という「希望」の意味です。ただし、「たがる」は第三者の希望を表します。

問2 過去や完了《かんりょう》の意味を表す助動詞「た」は活用する語の連用形につき、ガ行・ナ行・バ行・マ行の五段活用動詞につくときには「だ」に変化します。また、このとき、「読む→読んだ」や「泳ぐ→泳いだ」などのように、活用語尾《かつようごび》が変化します。これを音便《おんびん》といい、「い」に変わるものは「イ音便」、「ん」に変わるものは「撥音便《はつおんびん》」、「っ」に変わるものは「促音便《そくおんびん》」といいます。

❷

問1 ① 「まい」には打ち消し推量と打ち消し意志という二つの意味があります。ABCはいずれも「〜ないだろう」と言い換《か》えられるので「打ち消し推量」です。Dは「〜ないつもりだ」と言い換えられるので「打ち消し意志」です。

③ **「た」には過去・完了・存続・想起などの意味**があります。Cは「破れている」と言い換えられるので「存続」と判断できます。

④ **「そうだ」には様態と伝聞という二つの意味**があります。「様態」の意味の場合は動詞や助動詞「せる・させる」「れる・られる」の連用形や、形容詞・形容動詞・助動詞「ない」「たい」の語幹（＝活用しない部分）につきます。「伝聞」の意味の場合は用言や助動詞の終止形につきます。Aは形容動詞「元気だ」の語幹に、Cは動詞「遅刻《ちこく》する」の連用形に、Dは形容動詞「不安だ」の語幹についているので、「様態」と判断できます。Bは動詞「降る」の終止形についているので、「伝聞」と判断できます。

問2 ⑧ 逆接の条件文の「たがる」は、話し手自身の「希望」を表すことがあります。

20 助動詞③

本冊42ページ

❶
問1 ① ませ ② まし ③ ましょ ④ ますれ ⑤ ませ ⑥ ます
問2 ① でし ② でしょ ③ です ④ です ⑤ でしょ
問3 ① だっ ② なら ③ で ④ な ⑤ だっ ⑥ だろ ⑦ なら ⑧ な ⑨ だろ ⑩ で

❷
問1 ① C ② C ③ D ④ B ⑤ D
問2 ① カ ② オ ③ エ ④ ア ⑤ イ ⑥ ア ⑦ ウ ⑧ オ ⑨ ウ ⑩ イ ⑪ ア

解き方

❶
問1 ① 「ん」は助動詞「ぬ」が変化したもので、「ない」と同じく「打ち消し」の意味を表し、動詞や助動詞の未然形につきます。

❷
問1 ① **「ようだ」には推定・比況《ひきょう》・例示という三つの意味**があります。A・B・Dはいずれも「**たとえば**」ということばをつけ加えられるので「**例示**」と判断でき、Cは「どうやら」ということばを加えられるので「推定」と判断できます。

② A・B・Dはいずれも「**どうやら**」ということばをつけ加えられるので「**推定**」と判断でき、Cは「**まるで**」ということばを加えられるので「**比況**」と判断できます。

④ Bの「らしく」は名詞や副詞などについて形容詞をつくる接尾語《せつびご》「らしい」の連用形です。**接尾語の「らしい」は「いかにも〜だ」「〜にふさわしい」「〜と感じられる」といった意味**を表します。

21 助詞①

本冊44ページ

❶
問1 ① イ ② エ ③ ア ④ ウ ⑤ オ ⑥ ア ⑦ ウ ⑧ エ ⑨ オ ⑩ エ ⑪ ア ⑫ イ ⑬ ウ
問2 ① ウ ② オ ③ ア ④ カ ⑤ エ ⑥ イ ⑦ ケ ⑧ キ ⑨ ク ⑩ オ ⑪ イ

❷
問1 ① イ ② イ ③ ア ④ ア ⑤ ウ
問2 ① キ ② イ ③ ア ④ カ ⑤ オ ⑥ ク ⑦ エ ⑧ ウ ⑨ イ ⑩ オ ⑪ エ ⑫ カ

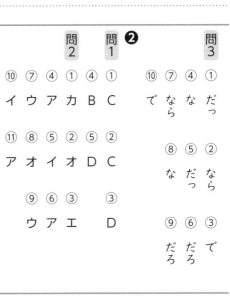

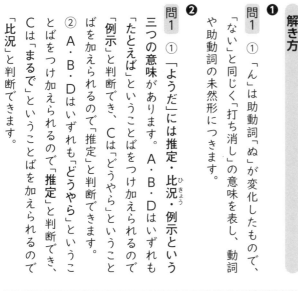

解き方

❶ 問1 **格助詞**はおもに**体言**につき、**その体言とあとに続く語句との関係**を示します。
⑤「の」は「こと」と言い換《か》えられるので、「体言の代用」です。

❷ 問2 ②「だって」は「親にも話したことがないのだから、他の人にも話していないだろう」と推測させるはたらきをしているので「類推」の意味です。

22 助詞❷

本冊46ページ

❶ 問1 ①オ ②ウ ③エ ④イ ⑤ア ⑥カ ⑦ウ ⑧イ ⑨ウ ⑩ア ⑪オ ⑫エ ⑬イ
問2 ①エ ②ア ③オ ④イ ⑤ウ ⑥カ ⑦エ ⑧キ ⑨オ ⑩ア ⑪イ

❷ 問1 ①ア ②ウ ③ウ ④イ ⑤イ
問2 ①エ ②ク ③カ ④オ ⑤ア ⑥キ ⑦ウ ⑧イ ⑨ア ⑩ウ ⑪オ ⑫ク

解き方

❶ 問1 ⑥「て」は「見つめ」と「いる」が「補助」の関係にあることを示します。「いる」は「見つめる」という動作が現在進行中であるという意味をつけ加えており、このような動詞を補助動詞といいます。

❷ 問1 ①「悪口を言っ」た結果「うらみを買った」という意味なので、この文の「て」は「**原因・理由**」を表しています。これと同様の「て」はアです。
②この文の「ば」は「一週間たつ」ことが「忘れる」ための**条件**であることを示しています。これと同様の「ば」をふくむのは**ウ**です。
③「家をたずねた」のに「彼《かれ》は不在だった」という文脈なので、この文の「が」は「**逆接**」を表しています。これと同様の「が」をふくむのは**ウ**です。アの「が」は「**仮定**」、イの「が」は「**前置き**」を示しています。
④この文の「つつ」は「考える」動作と「聞く」動作が並行《へいこう》していることを表しているので、「**同時**」の意味です。これと同様の「つつ」をふくむのはイです。アの「つつ」は「**動作の継続**《けいぞく》」、ウの「つつ」は「**逆接**」を表しています。

問2 ⑧この文は、一見疑問を投げかけているように見えて、「犬の気持ちなどわかるはずがない」という強い否定の気持ちを暗に示しています。このような表現を「反語」といいます。

23 まとめのテスト❹

本冊48ページ

❶ 問1 ①ように ②られ ③なら ④○ ⑤ましょ ⑥ず ⑦らしく ⑧○ ⑨で ⑩だろ ⑪たら ⑫なく
問2 ①C ②C ③B ④B ⑤C

❷ 問1 ①A ②B ③C ④A ⑤D
問2 ①イ ②ア ③イ ④ウ

解き方

❶ 問2 ④Aは人やものが不特定であることを示

す副助詞であり、Cは「行く」ことと「行かない」ことを並立《へいりつ》させる副助詞です。Bは「疑問」の意味をそえる終助詞です。

❷
問1 ④ B・C・Dは物事が終了《しゅうりょう》したり、実現したりする意味を表しているので「完了」。Aは「去年の夏」とあることから「過去」です。

問2 ① この文の「さえ」は極端《きょくたん》な例を示してほかのものも同様であることを推測させる「類推」の意味を表し、これと同じはたらきをしているのはイです。アはそれだけで十分であるということを示し、ウは別のことがらをつけ加える「添加《てんか》」の意味です。

④ この文の「でも」は「類推」の意味で、ウと同じはたらきをしています。

24 まぎらわしいことばの識別❶

本冊50ページ

❶
問1 ①ウ ②エ ③ア ④イ ⑤ウ ⑥ア ⑦エ
問2 ①イ ②ア ③ウ ④イ ⑤ア ⑥ウ

❷
問1 ①イ ②ウ ③ア ④ウ
問2 ①ウ ②キ ③ア ④カ ⑤イ ⑥エ ⑦オ ⑧ウ

解き方

❶
問1 「ない」には**助動詞・形容詞・補助形容詞・「ない」で終わる形容詞の一部**の四種類があります。形容詞の「ない」は「存在しない」と言い換《か》えることができます。助動詞の「ない」は動詞や助動詞の未然形につき、補助形容詞の「ない」は形容詞や形容動詞につくことから判断できます。また、直前に「が」「は」「も」などの助詞を入れることができれば補助形容詞の「ない」である、とも考えることができます。

問2 「ある」には**動詞の「ある」・補助動詞の「ある」・連体詞の「ある」**の三種類があります。動詞の「ある」は「存在する」と言い換えることができ、補助動詞の「ある」は「てある」または「である」の形になっています。連体詞の「ある」は単独で体言を修飾《しゅうしょく》します。

❷
問1 ② この文の「ない」は形容詞「面白《おもしろ》い」についていて、「面白く(は)ない」というように助詞を入れることができるので、補助形容詞の「ない」だと判断できます。

③ 「てある」の形になっているので、この文の「ある」は補助動詞です。これと同様の「ある」をふくむものはアです。イの「ある」は単独で名詞「事件」を修飾しているので連体詞と判断でき、ウの「ある」は「存在する」と言い換えられるので動詞です。

25 まぎらわしいことばの識別❷

本冊52ページ

❶
問1 ①イ ②ア ③エ ④ア ⑤イ ⑥ウ ⑦エ
問2 ①エ ②イ ③ア ④ウ ⑤イ ⑥ア

❷
問1 ①ウ ②イ ③イ ④ア
問2 ①エ ②カ ③ウ ④ク ⑤ア ⑥キ ⑦イ ⑧オ

解き方

❶
問1 「が」を、**格助詞・接続助詞・終助詞・接続詞**のどれにあたるか識別します。「が」が名詞についている場合は格助詞、活用する語の終止形についている場合は接続助詞、文末にある場合

は終助詞、文頭にある場合は接続詞、と判断できます。

問2 「だ」が、**形容動詞の一部・断定の助動詞・過去の助動詞・助動詞「そうだ」「ようだ」の一部**のどれにあたるか識別します。「だ」が名詞についている場合は形容動詞の一部か、断定の助動詞になります。この場合、「〜な」という形で名詞をつなげられれば形容動詞の一部と判断し、つなげられなければ断定の助動詞と判断します。また、「だ」が動詞の音便形についている場合は過去の助動詞と判断でき、「だ」の前が「そう」「よう」の場合は助動詞「そうだ」「ようだ」の一部と判断できます。

26 まぎらわしいことばの識別③

本冊54ページ

❶
問1 ①オ ②イ ③ウ ④エ ⑤ア ⑥オ ⑦ア
問2 ①イ ②ウ ③エ ④ア ⑤イ ⑥エ

❷
問1 ①ア ②ウ ③ア ④ウ
問2 ①オ ②ア ③ウ ④イ ⑤カ ⑥ウ ⑦エ ⑧カ

解き方

❶
問1 「で」を、**格助詞・接続助詞・断定の助動詞・助動詞「ようだ」「そうだ」の一部・形容動詞の活用《かつよう》語尾《ごび》**のどれにあたるか識別します。「で」が名詞について場所や手段などを表す連用《れんよう》修飾《しゅうしょく》語《ご》をつくっている場合は格助詞、動詞の音便形についている場合は接続助詞、名詞について述語をつくっている場合は断定の助動詞、「で」の前が「そう」「よう」の場合は助動詞「そうだ」「ようだ」の一部、「で」を「な」に変えて名詞をつなげられる場合は形容動詞の活用語尾、と判断できます。

問2 「に」を、**格助詞・副詞の一部・助動詞「ようだ」「そうだ」の一部・形容動詞の活用語尾**のどれにあたるか識別します。「に」が名詞について場所や時などを表す連用修飾語をつくっている場合は格助詞、「に」を「な」に置き換《か》えられなければ副詞の一部、「に」の前が「そう」「よう」の場合は助動詞「そうだ」「ようだ」の一部、「に」を「な」に変えて名詞をつなげられる場合は形容動詞の活用語尾、「に」の前が「の」で逆接を表す場合は接続助詞「のに」の一部、と判断できます。

❷
問1 ② この文の「で」は名詞「開祖」について述語をつくっているので断定の助動詞と判断できます。これと同様に断定の助動詞「で」をふくむものはウです。アの「で」は動詞「浮《う》かぶ」の撥音便《はつおんびん》「浮かん」についているので接続助詞、イは「偉《い》大《だい》な」という形で名詞をつなげられるので、「で」は形容動詞の活用語尾と判断できます。

③ この文の「に」は「やにわな」に置き換えられないので副詞の一部と判断できます。これと同様に副詞の一部の「に」をふくむものはアです。イは「完全な」という形で名詞をつなげられるので、「に」は形容動詞の活用語尾です。ウの「に」は名詞「放課後」について時を表す連用修飾語をつくっているので格助詞です。

27 まぎらわしいことばの識別④

本冊56ページ

❶
問1 ①ア ②イ ③エ ④イ ⑤ウ ⑥エ ⑦ア
問2 ①ア ②イ ③ウ ④エ ⑤カ ⑥オ

❷
問1 ①イ ②ウ ③ア ④ウ ⑤イ ⑥ア ⑦イ ⑧ウ

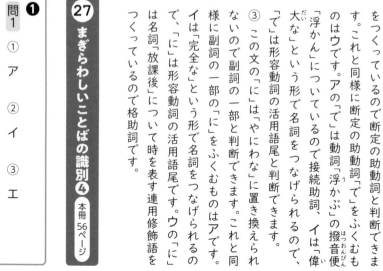

解き方

❶

問1　格助詞「の」には主格・連体修飾格《れんたいしゅうしょくかく》・並立《へいりつ》・体言の代用の四つのはたらきがあります。主格の場合は「が」に言い換《か》えることができ、体言の代用の場合は「もの」や「こと」などの名詞に言い換えできます。「の」の前後に名詞がある場合は連体修飾格と判断でき、「〜の〜の」という形の場合は並立と判断できます。

問2　「でも」には次のような種類があります。

・格助詞「で」＋副助詞「も」
・断定の助動詞「だ」の連用形「で」＋副助詞「も」
・形容動詞の活用語尾《かつようごび》「で」＋副助詞「も」
・副助詞「でも」
・接続助詞「て」＋副助詞「も」
・接続助詞「でも」
・接続詞「でも」

① 「で」の前が「歩き」という名詞で、「も」を抜《ぬ》いても意味が通り、「行ける」という述語を修飾する連体修飾語なので、格助詞＋副助詞です。

② 「で」の前が「アイドル」という名詞で、「も」を抜いても意味が通り、あとに補助動詞「ある」が続いているので、助動詞＋副助詞です。

③ 「で」の前が名詞「プロフェッショナル」で、「も」を抜くと意味が通らないので副助詞です。

④ 「で」の前が動詞「住む」の撥音便《はつおんびん》「住ん」であり、「でも」の直後に補助形容詞「いい」が続いていることから接続助詞＋副助詞と判断します。この文の「いい」は「優《すぐ》れている」の意味ではなく、「〜して構わない」と相手に許可する意味です。

⑤ 文頭にある「でも」なので、接続詞です。

⑥ 「で」の前が動詞「呼ぶ」の撥音便「呼ん」であり、「でも」の前後の文節が逆接の関係にあることを表しているので、接続助詞と判断します。

28 まとめのテスト⑤

本冊58ページ

❶ 問1
① A　② B　③ C
④ C　⑤ B　⑥ C
⑦ B　⑧ A　⑨ A

❷ 問1
① ウ　② ア　③ イ
④ ウ　⑤ ウ　⑥ イ
⑦ イ　⑧ ア　⑨ ア

解き方

❶

問1　① Aの「ある」は単独で名詞「朝」を修飾《しゅうしょく》しているので連体詞と判断でき、BとCの「ある」は「てある」「である」の形になっているので補助動詞と判断できます。

④ AとBの「ない」は動詞につくので助動詞で、Cの「ない」は形容詞「あどけない」の一部です。

⑥ いずれも名詞についているので格助詞ですが、AとBの「が」は直前の語を文の述語に対応した主語にしているので主格で、Cの「が」は直前の「ラーメン」を述語「食べたい」の対象としているので連用修飾格です。

⑧ Aの「だ」は直前が名詞「絶大」で、「絶大な」という形で名詞をつなげられるので形容動詞と判断できます。BとCの「だ」は名詞や助詞についているので断定の助動詞と判断できます。

29 敬語①

本冊60ページ

❶ 問1
① ×　② ○　③ ○
④ ○　⑤ ×　⑥ ×
⑦ ○　⑧ ×

問2
① お喜びになる［喜ばれる］
② お思いになり［思われ］
③ お会いになり［会われ］
④ ご覧になり［見られ］
⑤ なさい［され］
⑥ いらっしゃい［おいでになり・お越しになり］
⑦ 召し上がり［お召し上がりになり］

❷ 問1
① C　② A　③ B
④ A　⑤ C

問2
① お書きになり[書かれ]
② お考えになり[考えられ]
③ なさい
④ お召しになっ[着られ]
⑤ 出席なさる[出席される]
⑥ いらっしゃい[おいでになり・お越しになり]
⑦ おかけになっ[お座りになっ]
⑧ お休みになっ
⑨ ご友人
⑩ お忙しい

解き方

❶
問1 **尊敬語は、話題になっている人や聞き手の動作やもの、状態などに対する敬意を表します。**

① 「おかけになられる」は「座《すわ》る」の尊敬語「おかけになる」に尊敬の助動詞「れる」がついたもので、敬語が二重に用いられているので二重敬語といい、敬語として不適切です。

問2 ⑥ 「来る」の尊敬語には「見える」「お見えになる」などもあります。

❷
問1 ① Cの「お待ちする」は「待つ」の謙譲《けんじょう》語です。

② Aの「気になります」は「気になる」の丁寧《ていねい》語で、主体は話し手であり、話の聞き手に対する敬意を表します。

③ Bの「お伺《うかが》いする」は「聞く」や「行く」「尋《たず》ねる」の謙譲語です。

④ Aの「拝見する」は「見る」の謙譲語です。

⑤ Cの「いただく」は「もらう」の謙譲語です。

問2 ⑨ 名詞・形容詞・形容動詞を尊敬語にするときには、そのことばの前に「お」や「ご」をつけます。「友人」には「ご」をつけて「ご友人」とします。

⑩ 「忙《いそが》しい」には「お」をつけて「お忙しい」とします。

30 敬語❷

本冊62ページ

❶
問1
① ○ ② ○ ③ ○
④ × ⑤ ○ ⑥ ×
⑦ ○ ⑧ ○

問2
① お預かり(いた)し
② お送り(いた)し
③ いただい[ちょうだいし]
④ お目にかかる[お会いする]
⑤ ご覧に入れ[お目にかけ・お見せし]
⑥ 伺い[参り]
⑦ いただく[ちょうだいする]

❷
問1
① A ② C ③ B
④ B ⑤ B

問2
① お返し(いた)し
② 処理いたし
③ 伺い[参り]
④ 申し(上げ)
⑤ 拝読(いた)し[お読みし]
⑥ 存じ(上げ)
⑦ 存じ
⑧ 伺っ[お聞きし]
⑨ 拝聴し[お聞きし・伺い]
⑩ 私ども

解き方

❶
問1 **謙譲《けんじょう》語は、自分や自分の側に立つ者の動作や状態についてへりくだった表現をすることで、聞き手や話題になっている人物への敬意を表します。**

問2 ①・② 「お〜する」または「お〜いたす」の形に直します。

31 敬語❸

本冊64ページ

❶
問1
① ○ ② × ③ ○
④ ○ ⑤ × ⑥ ○

問2 ⑦ ○ ⑧ ×
① (お)掃除します ② です
③ お弁当 ④ ご両親
⑤ あります[ございます]
⑥ お返事[ご返事] ⑦ お散歩

❷
問1 ① C ② B ③ C
④ B ⑤ A
問2 ① 閉まります ② です
③ お天気 ④ お酒
⑤ ごほうび ⑥ お豆腐
⑦ あります[ございます]
⑧ お暑い ⑨ お化粧
⑩ おこづかい

解き方

❶
問1 丁寧《ていねい》語とは、ことばづかいを丁寧にすることで、話の聞き手への敬意を表すことばです。

❷
問1 ① Aの「お帰りになった」は尊敬語、Bの「いただく」は謙譲《けんじょう》語です。
② Aの「お借りする」は謙譲語、Cの「いらっしゃる」は尊敬語です。
③ Aは「先生」という目上の人の「お話」なので尊敬語、Bは「差し上げる」相手への敬意を表すので謙譲語です。
④ Aは「社長」という目上の人の行為《こうい》を表すので尊敬語、Cは「申し上げる」相手への敬意を表すので謙譲語です。
⑤ Bは「申し上げる」相手への敬意を表すので謙譲語、Cは聞き手の「体」に対する敬意を表しているので尊敬語です。

32 まとめのテスト⑥

本冊66ページ

❶
問1 ① イ ② ウ ③ ア
④ イ ⑤ ウ ⑥ イ
⑦ ア
問2 ① ○ ② ○ ③ ×
④ ○ ⑤ × ⑥ ×
⑦ ○ ⑧ × ⑨ ×

❷
問1 ① ア ② ア ③ ウ
④ イ
問2 ① いただく[ちょうだいする]
② 案内します
③ お休みになって
④ お受け取り[お納め]
⑤ お気に召し
⑥ 拝聴する[お聞きする・伺う]
⑦ 存じ(上げ)て[承知して]
⑧ ご飯
⑨ ご結婚
⑩ お目にかかる[お会いする]

解き方

❶
問2 ③「お目にかかる」は「会う」の謙譲《けんじょう》語であり、「見る」の謙譲語ではありません。また、人ではない「ピラミッド」に敬語を使うのは不適切です。
⑤「ご覧になられる」は尊敬語「ご覧になる」に尊敬の助動詞「れる」をつけた二重敬語で不適切です。
⑥「拝聴《はいちょう》させていただく」は謙譲語「拝聴する」に謙譲語「させていただく」をつけた二重敬語です。
⑧「母」は「私」の身内なので、謙譲語「申し上げる」を使うのは不適切です。
⑨ 名詞や形容詞、形容動詞には、「お」や「ご」をつけると不自然なものもあります。

❷
問1 ①「ございます」は「ある」の丁寧《ていねい》語です。同様に丁寧語がふくまれるのはアです。イは「拝借する」が「借りる」の謙譲語で、ウは「お導きくださる」が「導く」の尊敬語です。
②「失礼いたす」は「帰る」の謙譲語です。同様に謙譲語がふくまれるのはアです。イは「召《め》し上がる」が「食べる」の尊敬語、ウは「です」が丁寧

語です。
③「お祈《いの》り申し上げる」は「祈る」の謙譲語です。同様に謙譲語がふくまれるのはウです。

33 ことわざ❶

本冊68ページ

❶
問1 ① ア 似た意味のことわざ…筆・川
② ウ 似た意味のことわざ…豚・犬
③ エ 似た意味のことわざ…山・石
問2 ① カ ② オ ③ イ ④ ア

❷
問1 ① エ 似た意味のことわざ…蛇
② イ 似た意味のことわざ…月
③ ウ 似た意味のことわざ…井
問2 ① ア ② オ ③ イ ④ カ
問3 ① 石橋 ② たすき ③ えび ④ 苦し ⑤ 産む ⑥ 休む

解き方

❶
問2 ①「濡《ぬ》れ手で粟《あわ》」とは、濡れた手で粟という小さな穀物の粒《つぶ》をつかむとたくさんくっついてくることから、たやすく利益を手に入れることをたとえたことわざです。これと反対の意味の「骨折り損のくたびれもうけ」は、努力しても何も得られず、くたびれてしまっただけという様子を表現しています。

34 ことわざ❷

本冊70ページ

❶
問1 ① イ 似た意味のことわざ…翼
② エ 似た意味のことわざ…破
③ ア 似た意味のことわざ…犬
問2 ① オ ② エ ③ ウ ④ カ

❷
問1 ① ア 似た意味のことわざ…水・論
② ウ 似た意味のことわざ…弱・面
③ エ 似た意味のことわざ…釘・腕
問2 ① イ ② エ ③ ウ ④ オ
問3 ① 一寸 ② 降って ③ 歩けば ④ 虎 ⑤ 節句 ⑥ 桜木

解き方

❶
問1 ③「庇《ひさし》」とは出入口などにある小さな屋根のことで、「母屋《おもや》」とは敷地内《しきちない》で中心となる建物のことを指します。「庇を貸して母屋を取られる」は、雨宿りなどのために一時的に小さな屋根を貸してあげた者に、中心の建物まで乗っ取られてしまったというたとえを用いたことわざです。

35 ことわざ❸

本冊72ページ

❶
問1 ① イ 似た意味のことわざ…魂
② ウ 似た意味のことわざ…医者
③ エ 似た意味のことわざ…善
問2 ① イ ② ア ③ ウ ④ オ

❷
問1 ① エ 似た意味のことわざ…蜂
② ウ 似た意味のことわざ…青
③ ア 似た意味のことわざ…傘
問2 ① イ ② カ ③ ウ ④ ア
問3 ① 回れ ② 仏 ③ 海路 ④ 魚 ⑤ 柳 ⑥ 猫

解き方

❶
問1 ②「紺屋《こうや》」とは、植物の藍《あい》を使って着物を染める仕事を行う人のことで、着物を染める仕事なのに、染めていない白い袴《はかま》をはいている様

子がたとえになっています。似た意味の「医者の不養生」は、患者《かんじゃ》に養生、すなわち身体をいたわることをすすめる仕事をしているはずの医者が、体をいたわっていない様子がたとえになっています。

36 故事成語❶ 本冊74ページ

❶
問1 ①ウ ②イ ③エ
問2 ①三 ②明鏡 ③吹く ④衆 ⑤他山 ⑥ならう

❷
問1 ①ア ②ウ ③イ
問2 ①羊頭 ②多岐 ③牛後 ④蛇尾 ⑤破竹 ⑥馬 ⑦嘆 ⑧夢 ⑨知らんや

解き方

❶
問1 故事成語は、故事のあらすじとセットで覚えておきましょう。①「虎《とら》の威《い》を借《か》る狐《きつね》」は、虎に捕《つか》まえられた狐が、「自分は天帝《てんてい》から認められた百獣《ひゃくじゅう》の王である」と嘘《うそ》をつき、「その証拠《しょうこ》を見せてやる」と言って、虎を引き連れて歩き始めたところ、獣《けもの》たちが後ろにいる虎を恐《おそ》れて逃《に》げ出したので、虎は狐の嘘を信じてしまった、というたとえ話に由来します。

37 故事成語❷ 本冊76ページ

❶
問1 ①ウ ②イ ③エ
問2 ①太公 ②四面 ③五十歩 ④温故 ⑤枯る ⑥守

❷
問1 ①ウ ②イ ③エ
問2 ①五里 ②始めよ ③蛍雪 ④石・流れ ⑤誉れ ⑥木 ⑦魚 ⑧画竜[画龍] ⑨胆 ⑩憂 ⑪足

解き方

❶
問1 ①「白眉《はくび》」は、『三国志』という書に由来する故事成語です。馬氏という家の五人兄弟はみな優秀《ゆうしゅう》でしたが、眉毛《まゆげ》に白毛のある長男の馬良が最も優《すぐ》れていると評判だったことに由来します。
問2 ④「温故知新」は『論語』に由来します。「故《ふる》きを温《たず》ねて新しきを知る」と訓読し、昔のことを研究することによって、新たな知見を得ることを意味します。

38 まとめのテスト❼ 本冊78ページ

❶
問1 ①ク ②カ ③オ ④エ ⑤イ ⑥ウ ⑦キ ⑧ア
問2 ①飼い犬 ②虎穴
問3 ①エ ②イ ③ウ ④オ ⑤ア

❷
問1 ①三 ②四 ③百 ④五 ⑤四
問2 ①オ ②ウ ③イ ④ア ⑤エ ⑥カ
問3 ①エ ②ウ ③ア ④イ

解き方

❷
問1 覚えにくい故事成語は、音読すると記憶《きおく》に定着しやすくなります。故事成語やことわざのように古くから伝えられていることばは、発音したときに快い響《ひび》きになっていることが多いの

で、ぜひ音読して覚えましょう。

39 慣用表現❶

本冊80ページ

❶
問1 ①ク ②イ ③ア ④エ ⑤カ ⑥ウ ⑦キ ⑧オ
問2 ①ア ②ク ③キ ④ウ ⑤カ ⑥オ ⑦イ ⑧エ

❷
問1 ①ク ②イ ③ア ④ウ ⑤エ ⑥オ ⑦カ ⑧コ ⑨キ ⑩ケ
問2 ①カ ②ク ③キ ④ウ ⑤イ ⑥オ ⑦コ ⑧エ ⑨ケ ⑩ア

解き方

❶
問1 **慣用表現**の多くは、よくある**動作の一部**に**由来**していたり、ことわざと同じように**比喩《ひゆ》**になっていたりします。ことばから具体的にイメージして意味をつかみましょう。

⑥「耳にたこができる」は、手や足を酷使《こくし》して皮膚《ひふ》が固くなることでたこができるように、同じことを聞かされすぎてうんざりすることを表しています。

問2 ③「目を三角にする」は、怒《いか》りで目がつり上がる様子に由来する慣用表現です。

❷
問1 ②「鼻持ちならない」は臭《にお》いに耐《た》えられない様子を表し、人の言動が耐えがたいほど不愉快《ふゆかい》であるということをたとえています。なお、似た意味の慣用表現に「鼻につく」があります

問2 ⑦「爪《つめ》に火を点《とも》す」は、ろうそくが買えずに爪に火を点すような貧しい暮らしをするというたとえの慣用表現です。

40 慣用表現❷

本冊82ページ

❶
問1 ①キ ②ウ ③イ ④ク ⑤カ ⑥エ ⑦ア ⑧オ
問2 ①イ ②エ ③キ ④ウ ⑤ア ⑥オ ⑦カ ⑧ク

❷
問1 ①キ ②イ ③ア ④コ ⑤カ ⑥ウ ⑦ク ⑧ケ ⑨エ ⑩オ
問2 ①ウ ②ケ ③キ ④ク ⑤カ ⑥コ ⑦ア ⑧オ ⑨イ ⑩エ

解き方

❶
問2 慣用表現には、体の一部分をふくむものが多くあります。②「腑《ふ》」は内臓やはらわた、そして心のことで、「腑に落ちる」は納得《なっとく》がいくという意味の慣用表現です。

❷
問1 ⑧「虫の居所が悪い」の「虫」は「人の体内にあって、心の状態に影響《えいきょう》をあたえると考えられているもの」であり、ほかにも「虫が好かない（＝好感がもてない）」「腹の虫がおさまらない（＝怒《いか》りを我慢《がまん》できない）」という表現があります。

問2 ⑤「青菜に塩」は、青菜に塩をかけるとしなびてしまう様子に由来する慣用表現です。

41 慣用表現③

本冊 84ページ

❶

問1 ① カ ② イ ③ オ ④ ウ ⑤ エ ⑥ ア

問2 ① 機が熟した ② 二の舞 ③ 取りつく島もない ④ 乗りかかった船 ⑤ うり[瓜]二つ ⑥ 非の打ちどころがない ⑦ かぶり[首]をふられた

❷

問1 ① キ ② イ ③ ア ④ エ ⑤ カ ⑥ ウ ⑦ オ

問2 ① 腕が鳴る ② 手ぐすね(を)引いて ③ あっけに取られた ④ 気が置けない ⑤ 気が利いた ⑥ 気がひける ⑦ きまりが悪くて ⑧ 犬も食わない ⑨ 猫の手も借りたい ⑩ 猫の額

解き方

❶ 問1 ⑤「横車を押《お》す」は、前後に動く車を横に押そうとしても、動かしづらいことに由来します。

❷ 問2 ②「手ぐすね(を)引く」の「手ぐすね」は「手薬練」と書き、松やにを油で煮《に》て練った薬のことです。弓を射るときに弦《つる》の補強などのためにこの薬を用いました。戦《いくさ》の前にこの薬を準備しておく様子から、十分に用意して待ち受ける様子をたとえています。

42 慣用表現④

本冊 86ページ

❶

問1 ① カ ② イ ③ ア ④ エ ⑤ ウ ⑥ オ

問2 ① 親の七光 ② 打てば響く ③ 肝を冷やす ④ 肝をつぶす[肝を冷やす] ⑤ 度肝を抜く ⑥ 眉をひそめる ⑦ 眉に唾をつける

❷

問1 ① エ ② イ ③ キ ④ カ ⑤ ア ⑥ ウ ⑦ オ

問2 ① あと味が悪い ② 味を占めた ③ 黄色い声を上げた ④ 同じ穴のむじな ⑤ 筆舌に尽くしがたい ⑥ 陰日向なく ⑦ 影をひそめる ⑧ 湯水のように使う ⑨ 高嶺の花 ⑩ 花が咲いた

解き方

❶ 問1 ③「黒白《こくびゃく》をつける」は、囲碁《いご》で黒石と白石の打ち手に分かれて争うことに由来します。

❷ 問1 ①「口をつぐむ」の「つぐむ」は、「閉じる」「黙《だま》る」という意味です。

問2 ⑥「陰日向《かげひなた》なく」は、人前でも人の目がないところでも言動を変えずにいるという意味の慣用表現です。人の目に入らないところを「陰」、人前を「日向」にたとえています。

43 慣用表現⑤

本冊88ページ

❶ 問1 ①ク ②イ ③ア ④エ ⑤カ ⑥ウ ⑦キ ⑧オ

問2 ①ア ②ク ③キ ④ウ ⑤カ ⑥オ ⑦イ ⑧エ

❷ 問1 ①コ ②イ ③ア ④エ ⑤ウ ⑥カ ⑦キ ⑧ク ⑨ケ ⑩オ

問2 ①ア ②イ ③キ ④ウ ⑤カ ⑥オ ⑦エ ⑧コ ⑨シ ⑩ケ ⑪サ ⑫ク

解き方

❶ 問1 ②「快刀乱麻《らんま》を断《た》つ」は、もつれた麻糸《あさいと》を刀で断ち切るように手際《てぎわ》よく物事を解決するという意味です。

問2 ⑤「口火」は爆薬《ばくやく》を起爆するためにつける火のことで、物事のきっかけをたとえています。

❷ 問1 ⑥「おくび」はげっぷのことです。「おくびにも出さない」は、こらえることが難しいげっぷですら表に出さない様子というたとえになっています。

問2 ⑦「竹を割ったような」は、素直《すなお》でさっぱりとしている性格を表します。人の性格を、縦《たて》に割るとまっすぐ割れる竹にたとえています。

44 まとめのテスト⑧

本冊90ページ

❶ 問1 ①イ ②キ ③ク ④オ ⑤エ ⑥カ ⑦ウ ⑧ア

問2 例 どうにもならないことを悔やむこと。

❷ 問1 ①乱 ②年 ③氷 ④耳 ⑤犬 ⑥棒

問2 ①エ ②ウ ③イ ④ア ⑤オ

問3 ①悪くなる→騒ぐ ②入ら→落ち ③が出→を食っ ④油→水 ⑤鉄→石 ⑥見え→立っ ⑦背中→奥歯 ⑧紐→棒

解き方

❶ 問2「ほぞ」とは「へそ」のことで、自分のへそをかもうとしてもできないことから、「どうにもならないことを悔《く》やむ」意味を表します。

45 難しい熟語❶

本冊92ページ

❶
問1 ① ウ　② ア　③ イ　④ ウ
問2 ① エ　② イ　③ ウ　④ カ　⑤ オ　⑥ ア　⑦ コ　⑧ ケ　⑨ キ　⑩ ク

❷
問1 ① ウ　② エ　③ エ　④ ア　⑤ イ
問2 ① イ　② キ　③ ク　④ エ　⑤ オ　⑥ カ　⑦ ア　⑧ ウ　⑨ ソ　⑩ セ　⑪ シ　⑫ ス　⑬ サ　⑭ コ　⑮ ケ

解き方

❶
問1 ①「模倣《もほう》」は「模する(まねてつくる)」と「倣《なら》う(従って行う)」という、似た意味の漢字が重なっている熟語です。

46 難しい熟語❷

本冊94ページ

❶
問1 ① エ　② ア　③ ウ　④ ア
問2 ① オ　② カ　③ イ　④ ア　⑤ ウ　⑥ エ　⑦ キ　⑧ ク　⑨ コ　⑩ ケ

❷
問1 ① イ　② ア　③ ウ　④ エ
問2 ① エ　② ア　③ ク　④ ウ　⑤ オ　⑥ キ　⑦ カ　⑧ イ　⑨ コ　⑩ セ　⑪ ス　⑫ サ　⑬ シ　⑭ ケ

解き方

❶
問1 ③「躊躇《ちゅうちょ》」は「躊《ため》らう」と「躇《ため》らう」という、同じ意味の漢字が重なっている熟語です。
問2 ②「空疎《くうそ》」の「空」は「中身がないこと」、「疎」は「まばらであること」という似た意味の漢字です。

47 難しい熟語❸

本冊96ページ

❶
問1 ① ア　② ア　③ エ
問2 ① カ　② オ　③ ア　④ イ　⑤ エ　⑥ ウ　⑦ ク　⑧ キ

❷
問1 ① イ　② ア　③ ウ　④ エ
問2 ① ウ　② イ　③ ク　④ ア　⑤ オ　⑥ カ　⑦ キ　⑧ エ　⑨ ス　⑩ セ　⑪ ケ　⑫ サ　⑬ コ　⑭ シ

解き方

❶
問1 ③「形而上《けいじじょう》」は形がなく、感覚によってとらえられない精神的なものを意味します。
問2 ⑥「啓蒙《けいもう》」は「蒙を啓《ひら》く」、つまり知識が不十分な人々に知識をあたえ、教え導くことです。

❷
問1 ③「拘泥《こうでい》」は「拘《こだわ》り泥《なず》む」、つまり物事に執着《しゅうちゃく》した状態からなかなか変化しない様子を表します。

問2 ④「該博《がいはく》」は「博《ひろ》く該《そな》わる」、つまり幅広《はばひろ》い知識が備わっていることを意味します。

48 難しい熟語④

本冊98ページ

❶
問1 ①ウ ②ア ③エ ④エ
問2 ①エ ②イ ③カ ④ウ ⑤オ ⑥ア ⑦ケ ⑧ク ⑨キ

❷
問1 ①ア ②ウ ③イ ④ア
問2 ①カ ②ア ③キ ④イ ⑤エ ⑥オ ⑦ク ⑧ウ ⑨セ ⑩ス ⑪シ ⑫サ ⑬コ ⑭ケ

解き方

❶
問1 ①「卓見《たっけん》」の「卓」は「すぐれた」、「見」は考えという意味を表します。
問2 ②「耽溺《たんでき》」のそれぞれの漢字には「耽《ふけ》る」と「溺《おぼ》れる」という読みがあり、どちらも(よくないことに)夢中になるという意味があります。

49 カタカナ語

本冊100ページ

❶
問1 ①エ ②ア ③イ ④オ ⑤ウ ⑥キ ⑦ケ ⑧ク ⑨コ
問2 ①オ ②エ ③イ ④ア ⑤カ ⑥ウ ⑦ケ ⑧ク ⑨キ

❷
問1 ①ウ ②カ ③イ ④ア ⑤オ ⑥エ
問2 ①ウ ②エ ③オ ④イ ⑤ア ⑥カ
問3 ①オ ②カ ③ク ④ウ ⑤イ ⑥ア ⑦キ ⑧エ ⑨ケ ⑩コ

解き方

❶
問1 インサイダーとアウトサイダーのように、カタカナ語は反対の意味のことばの形が似ていることが多いので、セットで覚えましょう。

50 まとめのテスト⑨

本冊102ページ

❶
問1 ①イ ②ア ③ウ ④ウ
問2 ①エ ②ア ③ク ④キ ⑤イ ⑥ウ ⑦カ ⑧オ ⑨コ ⑩ケ

❷
問1 ①ア ②ウ ③エ ④イ ⑤キ ⑥オ ⑦カ
問2 ①ウ ②ア ③イ
問3 ①キ ②ク ③エ ④ウ ⑤イ ⑥ア ⑦オ ⑧カ

解き方

❷
問3 用例でカタカナ語の用い方を確かめることで、意味をしっかり覚えましょう。

51 対義語❶

本冊104ページ

❶
①女 ②被 ③短 ④野 ⑤落 ⑥本 ⑦悪[不] ⑧及 ⑨道 ⑩豊 ⑪可 ⑫陰 ⑬非 ⑭相 ⑮下 ⑯南 ⑰洋 ⑱間 ⑲般 ⑳孫 ㉑成 ㉒平 ㉓定 ㉔黒 ㉕費 ㉖本 ㉗化 ㉘喜 ㉙散 ㉚配 ㉛心 ㉜熟 ㉝福

❷
①縦 ②自 ③他 ④私 ⑤不 ⑥本 ⑦母 ⑧無 ⑨得 ⑩欠 ⑪非 ⑫賢 ⑬同 ⑭未 ⑮益 ⑯慶 ⑰好 ⑱奇 ⑲東 ⑳無 ㉑私 ㉒雑 ㉓来 ㉔拡 ㉕和 ㉖新 ㉗情 ㉘密 ㉙少 ㉚小 ㉛要 ㉜奮 ㉝純 ㉞体 ㉟象 ㊱楽 ㊲模 ㊳断 ㊴析 ㊵敗 ㊶分 ㊷利 ㊸重 ㊹暖 ㊺失 ㊻実

解き方

❶ 熟語の対義語は次のようなパターンに分けて覚えるとよいでしょう。

- **・熟語の一字だけが対義のもの**
- **・全体として対義のもの**
- **・片方に否定的な意味の漢字をふくむもの**

①～⑱は熟語の一字だけが対義のものです。⑲～㉝は全体として対義のものです。また、⑦・⑨・⑪・⑬は片方に否定的な意味の漢字をふくむものです。

52 対義語❷

本冊106ページ

❶
①必 ②不 ③復 ④白 ⑤否 ⑥下[降] ⑦積 ⑧受 ⑨高 ⑩干 ⑪停 ⑫直 ⑬就[着] ⑭閉 ⑮静 ⑯官 ⑰成 ⑱正 ⑲険 ⑳明 ㉑得 ㉒放 ㉓淡 ㉔人 ㉕的 ㉖設 ㉗丈 ㉘開 ㉙用 ㉚進 ㉛舎 ㉜福

❷
①退 ②被 ③軟 ④汚 ⑤左 ⑥常 ⑦合 ⑧正 ⑨黒 ⑩概 ⑪暗 ⑫求 ⑬重 ⑭領 ⑮低 ⑯悲 ⑰空 ⑱狭 ⑲好[善] ⑳退 ㉑復 ㉒優 ㉓弁 ㉔縮 ㉕隔[方] ㉖惧 ㉗美 ㉘人 ㉙信 ㉚産 ㉛弱 ㉜刻 ㉝下 ㉞与 ㉟別 ㊱践 ㊲慢 ㊳守 ㊴務 ㊵意 ㊶厚 ㊷悪 ㊸走[亡] ㊹務 ㊺裂 ㊻柔

解き方

❷ ①～⑨・⑪～⑭・⑯～㉒・㉘・㊹は熟語の一字だけが対義のもの、それ以外は全体として対義のものです。

53 類義語❶

本冊108ページ

❶
①計 ②環 ③真
④服 ⑤薄[非・無] ⑥歴
⑦忠 ⑧転 ⑨推 ⑩心
⑪異 ⑫寄 ⑬詳 ⑭互
⑮迅 ⑯短 ⑰進 ⑱冷
⑲行 ⑳法 ㉑就 ㉒所
㉓乏 ㉔成 ㉕性 ㉖遍
㉗友 ㉘倹 ㉙遂 ㉚由
㉛違 ㉜然 ㉝力

❷
①成 ②郷 ③厚 ④立
⑤著 ⑥将 ⑦答 ⑧材
⑨成 ⑩原 ⑪向 ⑫末
⑬光 ⑭音 ⑮我 ⑯準
⑰天 ⑱果 ⑲凶 ⑳欠
㉑会[納・了・領] ㉒運[宿・寿・使]
㉓望 ㉔質 ㉕去[亡] ㉖候
㉗解 ㉘平 ㉙道[情] ㉚平
㉛機 ㉜望 ㉝認[知] ㉞疑
㉟意 ㊱知 ㊲心 ㊳持
㊴大 ㊵外 ㊶切 ㊷祖
㊸栄 ㊹形 ㊺潮 ㊻宝

解き方

❶ 熟語の類義語は次のようなパターンに分けて意味をつかむとよいでしょう。

・同じ漢字がふくまれるもの

・漢字の修飾《しゅうしょく》関係《かんけい》が似ているもの

①～④・⑥～⑪・⑬・⑰・㉓・㉕・㉘は同じ漢字がふくまれるものです。

⑯、㉒は漢字の修飾関係が似ているものです。

54 類義語❷

本冊110ページ

❶
①手 ②異 ③相 ④定
⑤祖 ⑥経 ⑦心 ⑧使
⑨了 ⑩進 ⑪事 ⑫機
⑬応 ⑭勤 ⑮無 ⑯明
⑰議 ⑱度 ⑲大 ⑳接
㉑善 ㉒観 ㉓柔[従] ㉔品
㉕持 ㉖堅 ㉗職 ㉘度
㉙賛 ㉚序[位・番] ㉛得
㉜態[体・篤] ㉝任 ㉞間

❷
①手 ②習 ③施 ④任
⑤大 ⑥追 ⑦去 ⑧精
⑨親 ⑩居 ⑪尽 ⑫順
⑬督 ⑭必 ⑮格 ⑯綿
⑰無 ⑱安 ⑲信 ⑳署
㉑重[負] ㉒来 ㉓儀[義]
㉔別 ㉕参 ㉖胆 ㉗念
㉘滅 ㉙考 ㉚中 ㉛頭
㉜定 ㉝像 ㉞負[慢]
㉟用 ㊱良 ㊲種[様] ㊳用
㊴作 ㊵訳 ㊶意 ㊷意
㊸理 ㊹経 ㊺入 ㊻栄

解き方

❶ ⑮は合わせると「完全無欠」という語になります。二字の類義語には**組み合わせると四字熟語**になるものもあります。

55 まとめのテスト⑩

本冊112ページ

❶

問1 将来

問2 ② 美名　③ 軽率　⑥ 一面

問3 ④ 精進　⑤ 肝心　⑦ 技量

問4 ウ

❷

問1

① 相・ぜったい・そうたい
② 賢・あんぐ・けんめい
③ 慶・ちょうじ・けいじ
④ 少・ぞうか・げんしょう
⑤ 不・えんまん・ふわ
⑥ 精[綿]・そざつ・せいみつ[めんみつ]
⑦ 正・りゃくしき・せいしき
⑧ 却・じゅり・きゃっか
⑨ 文・みかい・ぶんめい
⑩ 略・いさい・がいりゃく

問2

① 迅・きびん・じんそく
② 遂・たっせい・すいこう
③ 死[逝]・たかい・しきょ[せいきょ]
④ 信・しょうそく・おんしん
⑤ 精・じゅくどく・せいどく
⑥ 明・かいかつ・めいろう
⑦ 重・きとく・じゅうたい
⑧ 落・しつぼう・らくたん
⑨ 追・かいそう・ついおく
⑩ 作・きょどう・どうさ

解き方

❶ 問1 物事を対比して述べている評論文では、対義語どうしが近くにあることが多いです。この文章では――線部①の次の文の「現代や**将来**における問題やその解決方法を導くヒントを得ることができます」という部分から「過去」の対義語を見つけることができます。

56 三字熟語①

本冊114ページ

❶

問1

① 急　② 花　③ 梅
④ 人　⑤ 美　⑥ 車
⑦ 正　⑧ 際　⑨ 可
⑩ 味　⑪ 為　⑫ 敗
⑬ 図　⑭ 詩　⑮ 心
⑯ 荒　⑰ 石　⑱ 抵
⑲ 張　⑳ 炎

問2

① ウ　② エ　③ ウ
④ イ

❷

問1

① 漢　② 馬　③ 量
④ 楽　⑤ 柱　⑥ 眼
⑦ 頂　⑧ 気　⑨ 皮
⑩ 着　⑪ 気　⑫ 蔵
⑬ 有　⑭ 言　⑮ 見
⑯ 真　⑰ 青　⑱ 天
⑲ 棒　⑳ 通　㉑ 山
㉒ 意　㉓ 足　㉔ 策

問2

① ア　② イ　③ ウ
④ ア

解き方

❶

問1 三字熟語には次のパターンがあります。

・同じ種類のものを三つ並べているもの
・上の二字が下の一字を修飾《しゅうしょく》しているもの
・上の一字が下の二字を修飾しているもの

問2 ① 「五月雨《さみだれ》」のように、熟語に特別な訓読みをあてたものを熟字訓といいます。

57 三字熟語❷

本冊116ページ

❶

問1 ①景 ②作 ③夢 ④転 ⑤事 ⑥性 ⑦張 ⑧散 ⑨番 ⑩舌[目] ⑪力 ⑫例 ⑬図 ⑭詩 ⑮集 ⑯沙 ⑰肌 ⑱風 ⑲観 ⑳紙

問2 ①イ ②イ ③ウ

❷

問1 ①判 ②工 ③奴 ④地 ⑤眼 ⑥答 ⑦法 ⑧灯 ⑨円 ⑩楽[洋] ⑪生 ⑫決 ⑬舌 ⑭平 ⑮木 ⑯場 ⑰合 ⑱相 ⑲高 ⑳講[者] ㉑漢 ㉒門 ㉓未 ㉔仁

問2 ①ア ②ウ ③イ ④エ

解き方

❷

問1 ⑥ 「禅問答《ぜんもんどう》」は、問答形式で行われる禅宗の修行の方法の一種です。転じて、抽象的《ちゅうしょうてき》で難しい議論などの意味で用いられています。

⑮ 「唐変木《とうへんぼく》」は、偏屈《へんくつ》で気の利《き》かない人のことです。

⑯ 「独擅場《どくせんじょう》」は、一人で活躍《かつやく》する場という意味です。「擅」を「壇」と取りちがえて「どくだんじょう」と読まれることが多くなり、「独壇場《どくだんじょう》」という語も広く通用しています。

58 四字熟語❶

本冊118ページ

❶

問1 ①ウ ②エ ③エ

問2 ①色 ②心 ③尽 ④読 ⑤磨 ⑥暗 ⑦若 ⑧人 ⑨文 ⑩進 ⑪風 ⑫中 ⑬断 ⑭果 ⑮句 ⑯語 ⑰千 ⑱棒

❷

問1 ①イ ②エ ③イ

問2 ①怪 ②数 ③然 ④急 ⑤命 ⑥病 ⑦倒 ⑧変 ⑨同 ⑩衷 ⑪散 ⑫麻 ⑬交 ⑭骨 ⑮水 ⑯鬼 ⑰鳴 ⑱出 ⑲笑 ⑳失 ㉑屈 ㉒博 ㉓千 ㉔連

解き方

❶

問1 ①～③のいずれも、対照的な二字熟語を重ねた四字熟語です。

❷

問1 ①～③のいずれも、似た意味の二字熟語を重ねた四字熟語です。

問2 ⑭「換骨奪胎《かんこつだったい》」は、他人の発想や作品を盗《とう》用《よう》して自分のものにすることです。

59 四字熟語❷

本冊120ページ

❶

問1 ①ア ②ウ ③エ

問2 ①大 ②外 ③辺 ④実 ⑤明 ⑥賛 ⑦援 ⑧西 ⑨致 ⑩味 ⑪画 ⑫胆 ⑬成 ⑭交 ⑮友 ⑯骨 ⑰抜 ⑱色

❷

問1 ①エ ②ウ ③ア

問2 ①月 ②悪 ③揚 ④沈 ⑤長 ⑥往 ⑦報 ⑧亡 ⑨然 ⑩津 ⑪結 ⑫断 ⑬健 ⑭省 ⑮裂 ⑯日 ⑰火 ⑱千 ⑲割 ⑳食 ㉑懐 ㉒独 ㉓両 ㉔尚

解き方

❶

問1 ①と②は、似た意味の二字熟語を重ねています。③は感情を意味する四つの漢字を重ねています。

問2 ⑤「山紫水明《さんしすいめい》」は、山や川の景色が非常に美しいことです。⑯「一将万骨《いっしょうばんこつ》」は、「己亥歳《きがいのとし》」という詩に由来し、一人の将軍の功名の陰《かげ》に多くの戦死した兵士がいることを嘆《なげ》いた故事成語です。転じて、成功者や指導者ばかりが名誉《めいよ》を得る場合にも用います。

❷

問1 ①「一炊之夢《いっすいのゆめ》」は人の栄華《えいが》のはかなさを表すことばです。枕《まくら》を借りてうたた寝《ね》した男が、栄華を極《きわ》めた一生を夢にみて目覚めたところ、眠《ねむ》る前に火にかけていたキビが煮《に》えない程度の時間しかたっていなかった話に由来します。②は対照的な二字熟語を重ねた四字熟語です。③は、似た意味の二字熟語を重ねています。

問2 ⑭「人事不省」は、意識がない状態を表します。⑯「青天白日」は、よく晴れた天気のことで、転じて、後ろめたいことのない様子の意味もあります。⑱「海千山千」は、さまざまな経験を通じて世の中を知りつくしている人を指します。

60 まとめのテスト⑪

本冊122ページ

❶

問1 ①オ ②エ ③ウ ④カ ⑤ク ⑥キ ⑦イ ⑧ア

問2 ①殺 ②面 ③真 ④無 ⑤能[上] ⑥泥 ⑦長 ⑧黒 ⑨大 ⑩帳 ⑪守 ⑫囲 ⑬絵 ⑭昼 ⑮走 ⑯退 ⑰正

❷

問1 ①オ ②エ ③ウ ④カ ⑤ク ⑥キ ⑦イ ⑧ア

問2 ①東 ②実 ③半 ④行 ⑤喜 ⑥心 ⑦百 ⑧路 ⑨白 ⑩散 ⑪水 ⑫骨 ⑬無 ⑭画 ⑮山 ⑯将 ⑰百

解き方

❶

問1 ①の「案山子《かかし》」と⑧の「十八番《おはこ》」は熟字訓です。

チャレンジテスト❶

本冊124ページ

❶

問1 ① 形容詞　② 名詞　③ 感動詞　④ 接続詞　⑤ 副詞　⑥ 助詞

問2 ウ

問3 未然(形)

問4 (1) お越しになりました　(2) 申していました

❷

問1 ① 甘え　② たのしかっ　③ 生き　④ なれ　⑤ 長く

問2 四年前・三年前・十六歳

問3 エ

問4 イ

解き方

❶

問2 ――線部Xの「釈然《しゃくぜん》としない」は直後の「顔」を修飾《しゅうしょく》しているので修飾部です。

問3 ――線Y「知れ」は、ラ行下一段活用動詞「知れる」の未然形です。

❷

問3 「今の不幸の私」が将来の「私」に「幸せを感じさせる」という**使役《しえき》の意味**になっています。

問4 ――線部Y「ない」は形容詞であり、**本来の「存在しない」という意味から離《はな》れて、直前の文節の内容を否定するはたらき**をしています。このように、前の文節に補助的に意味を添《そ》える形容詞を、**補助形容詞**といいます。これと同様のはたらきのイが正答になります。イは直前の「暑い」という形容詞を否定しています。

チャレンジテスト❷

本冊126ページ

❶

問1 ① ローカル　② マジョリティ　⑧ バーチャル

問2 ③ オ　⑦ エ

問3 バイアス

問4 ウ

問5 イ

問6 A 棒　B 行　C 美

問7 画一化

問8 (1) エ　(2) ア

解き方

❶

問2 ③ 「シミュレーション」は、実際の現象をまねて模擬的《もぎてき》に実験することです。⑦ 「コンセンサス」は意見の一致《いっち》や合致のことです。

問8 (1) 「杞憂《きゆう》」は『列子《れっし》』に由来する故事成語です。